Cornelsen English Grammar

Kompaktausgabe

Cornelsen

Cornelsen English Grammar
Kompaktausgabe

Erarbeitet von
StD Erich Fleischhack, Ebern; Prof. Hellmut Schwarz, Mannheim
und der Englischredaktion
Hartmut Tschepe (verantwortlicher Redakteur),
Michael Ferguson (Projektleitung), Filiz Bahşi
sowie Abby d'Arcy Hughes (muttersprachliche Durchsicht)

Beratende Mitwirkung
Isolde Arnold, Leipzig; Günter Hanisch, Pliezhausen; Karl Starkebaum, Hildesheim

Zeichnungen
Robert Broomfield, Tunbridge Wells (S. 11, 88);
Roy Schofield, Cheam (S. 84, 133–137);
Katharina Wieker, Berlin (S. 50, 52, 99, 110, 111, 121)

Gestaltung
Katharina Wolff

Technische Umsetzung
Eva Schmidt

Ergänzend zu dieser Grammatik gibt es ein Übungsbuch (mit beigelegtem Lösungsschlüssel):

Cornelsen English Grammar · Practice Book,
ISBN 978-3-464-37106-0

Bildquellen
Glenn Bernhardt, Carmel: vordere Umschlagklappe; CartoonStock, London (www.CartoonStock.com): S. 20, 53, 75, 83, 96, 105, 129; Dallas and John Heaton/Corbis, Düsseldorf: S. 64 Mitte; Creators Syndicate International, Los Angeles: S. 122 (© 1998 by Far Works, Inc.); Mary Evans Picture Library, London: S. 64 oben; Roland Fiddy: cartoon taken from *The World's Greatest Computer Cartoons*. Reproduced by permission of Exley Publications © 1995: S. 77; Randy Glasbergen, New York (www.glasbergen.com): S. 71, 117; Sidney Harris: S. 29; Oxford University Press, Oxford, *Hill & Mallet Cartoons*: S. 27; Paul Baldesare/Photofusion, London: S. 87; Private Eye, London: S. 59; Punch Ltd, London: S. 9, 16, 19, 38, 44, 92, 109, 112, 113; The Spectator, London: S. 14, 22, 23, 37, 39, 41, 56, 61, 62, 69, 79, 80, 103, 119, 125.

Textquelle
English G 2000 Wörterbuch, © Cornelsen und Langenscheidt, Berlin und München, 2002: S. 78 unten.

www.cornelsen.de

2. Auflage, 4. Druck 2007/06

Alle Drucke dieser Auflage sind inhaltlich unverändert und können im Unterricht nebeneinander verwendet werden.

Druck: CS-Druck CornelsenStürtz, Berlin

ISBN 978-3-464-06322-4

Inhalt gedruckt auf säurefreiem Papier aus nachhaltiger Forstwirtschaft.

Inhaltsverzeichnis *Contents*

Seite

Kapitel 10 *Das Partizip* *The participle*

Kapitel 11 *Die indirekte Rede* *Indirect speech*

Kapitel 12 *Das Nomen* *The noun*

Kapitel 13 *Der Artikel* *The article*

Kapitel 14 *Pronomen* *Pronouns and determiners*

Kapitel 15 *Mengenbezeichnungen* *Quantifiers*

Was man über diese Grammatik wissen muss

Die Kompaktausgabe der *Cornelsen English Grammar* beschreibt die wichtigsten Bereiche der englischen Grammatik so klar und einfach wie möglich. Sie enthält eine große Zahl Beispielsätze aus dem modernen gesprochenen und geschriebenen Englisch. Zum besseren Verständnis sind die meisten Beispiele übersetzt. Die Erklärungen und Regeln stehen jeweils rechts neben den Beispielen.

An einigen Stellen wird auf Unterschiede zwischen britischem Englisch (BE = *British English*) und amerikanischem Englisch (AE = *American English*) eingegangen. Außerdem wird auf Formen und Verwendungen hingewiesen, die man vor allem im informellen Englisch, also in der Alltagssprache findet (z.B. in Gesprächen unter Bekannten oder in Briefen und E-Mails an Freunde).

Was bedeuten die Zeichen und Markierungen?

Wie und wo findet man, was man sucht?

- Wenn man ein grammatisches Kapitel wie „Modale Hilfsverben" oder „Mengenbezeichnungen" sucht, kann man im **Inhaltsverzeichnis** auf den Seiten 3–6 nachschlagen. Die einzelnen Themen des gesuchten Kapitels findet man außer im Inhaltsverzeichnis auch in der Übersicht am Anfang des Kapitels.
  Kapitel und Thema werden außerdem oben auf jeder Seite angegeben (links und rechts von der Seitenzahl).
- Wenn man nach einer bestimmten grammatischen Struktur sucht (z.B. *question tags*, Verneinung mit *do*) oder nach einem Wort wie *any* oder *explain*, schlägt man am besten im **alphabetischen Stichwortverzeichnis (Register)** am Ende der Grammatik nach.
  Wer nicht sicher ist, was z.B. ein *question tag* überhaupt ist, findet Hilfe auf den Seiten 155–158. Dort werden alle **grammatischen Begriffe** mit einem Beispiel erklärt.
- **Querverweise** auf den Seiten (z.B. ▶ 165b) führen zu anderen Abschnitten der Kompaktausgabe, die nähere oder ergänzende Informationen zum jeweiligen Grammatikthema enthalten.

KAPITEL

1 Der Satz/Wortstellung *The sentence/Word order*

1 *Satzarten* *Sentence types*

I speak German. But I don't speak it well.
Ich spreche Deutsch. Aber ich spreche es nicht gut.

- Die meisten Sätze sind **Aussagesätze** *(statements)*. Mit Aussagesätzen vermittelt man Informationen. ▶ 3, 4

Are you from Poland? What's your name?
Kommst du aus Polen? Wie heißt du?

- Mit **Fragesätzen** *(questions)* erfragt man Informationen. Es gibt Entscheidungsfragen (= Fragen, die man mit *yes* oder *no* beantworten kann) und Fragen mit einem Fragewort (z.B. *what, who, why, how*). ▶ 5–8

Wait a moment, please. Don't go away.
Warte bitte einen Moment! Geh nicht weg!

- Mit **Aufforderungssätzen** *(imperatives/commands)* fordert man jemand auf, etwas zu tun. ▶ 11

2 *Satzglieder* *Clause elements*

subject	verb*	
Becky	is laughing.	
The car	has stopped.	

subject	verb*	object
Pedro	has bought	a new CD player.

subject	verb*	complement
The bus	was	late.
Cheryl	isn't	a teacher.

subject	verb*	adverbial
My dad	lives	in Montreal.
Robert	arrived	ten minutes ago.

Sätze bestehen aus Satzgliedern:

Das **Subjekt** *(subject)* nennt die Person oder die Sache, über die im Satz etwas gesagt wird. Frage: wer oder was?

Das **Prädikat** *(verb*)* und seine Ergänzungen sagen etwas über das Subjekt aus, z.B. was er/sie/es tut, was geschieht.

Ergänzungen des Prädikats können sein:
- ein Objekt *(object)*,
- eine prädikative Ergänzung** *(complement)*,
- eine adverbiale Bestimmung *(adverbial)*, auch „Umstandsbestimmung" oder „(das) Adverbial" genannt.

* Das Wort *verb* bezeichnet im Englischen nicht nur die Wortart Verb, sondern – wie in den Abschnitten 2 und 3 – auch den Satzteil Prädikat.

** Prädikative Ergänzungen zum Subjekt sind Adjektive (z.B. *late*) oder Nomen (z.B. *a teacher*), die nach Verben wie *be, become* („werden"), *get* („werden"), *look* („aussehen") oder *seem* („zu sein scheinen") stehen. Statt „prädikative Ergänzung" sagt man auch „(das) Prädikativ".

3–4 *Aussagesätze* *Statements*

3 *Wortstellung*

subject	verb	
I	can cook.	
The pupils	are doing	exercise 5.
Miss Hunt	has given	them lots of homework.
Mr Wood	is	a teacher.
He	looks	very young.
My sister	lives	in Liverpool.
She	works	from nine to five.

Die Wortstellung in Aussagesätzen ist:
subject – verb.
Nach dem *verb* können unterschiedliche Ergänzungen stehen. ► 2

⚠

1 Perhaps your dog is ill.
Vielleicht ist dein Hund krank.

When I was younger, we had two dogs.
Als ich jünger war, hatten wir zwei Hunde.

Auch wenn vor dem Subjekt etwas steht (z.B. ein Adverb wie *perhaps* oder ein Nebensatz), ändert sich die Wortstellung ***subject – verb*** nicht.

2 Ann has given me her address.
Ann hat mir ihre Adresse gegeben.

I can stay at her house.
Ich kann bei ihr wohnen.

Zusammengesetzte Verbformen *(has given, can stay)* werden in der Regel **nicht getrennt**.

3 Miss Chan teaches jazz dance every morning.
Miss Chan unterrichtet jeden Morgen Jazztanz.

Verb *(teaches)* und Objekt *(jazz dance)* werden **nicht getrennt**.

Wortstellung in Nebensätzen ► 13a ⚠
Verben mit zwei Objekten ► 17
Stellung des Objekts bei *phrasal verbs* ► 20
Stellung der Adverbien ► 188–189

- *Wortstellung in Aussagesätzen: Subjekt – Prädikat*
- *Verb und Objekt dicht an dicht, auch ein Adverb trennt sie nicht.*

4 Verneinung

a

	auxiliary + *not*	main verb		
Sita	is not (= isn't)	using	the PC.	Verneinte Sätze werden mit einem **Hilfsverb + *not*** (Kurzform *n't*) gebildet.
You	have not (= haven't)	closed	the door.	
We	should not (= shouldn't)	be	here.	

Anmerkung

You **have not** been listening to me.
Mum **shouldn't** have said that.

Bei zwei oder mehr Hilfsverben steht *not* nach dem **ersten** Hilfsverb.

Verneinte Kurzformen ► vordere Umschlagklappe

b

	don't/doesn't/didn't	main verb	
(My parents		know	my friends.)
My parents	don't	know	my friends.
Meine Eltern kennen meine Freunde nicht.			
(That music		sounds	great.)
That music	doesn't	sound	great.
Diese Musik hört sich nicht toll an.			
(The boys		wanted	to go home.)
The boys	didn't	want	to go home.
Die Jungen wollten nicht nach Hause gehen.			

Im *simple present* und im *simple past* wird eine verneinte Form des Hilfsverbs *do* verwendet.
Nach ***don't/doesn't/didn't*** steht das Vollverb im **Infinitiv**: *know, sound, want.*

!

(Steve does his homework regularly.)
Steve doesn't do his homework regularly.
Steve macht seine Hausaufgaben nicht regelmäßig.

(Steve did his homework yesterday.)
Steve didn't do his homework yesterday.
Steve hat seine Hausaufgaben gestern nicht gemacht.

Auch das **Vollverb *do*** („machen", „tun", „ausführen", „erledigen") muss im *simple present* mit *don't/doesn't* und im *simple past* mit *didn't* verneint werden.

Verneinung der Vollverben *be, have, do* ► 44, 46 a, 49

Verneinte Sätze:
Hilfsverb + „not" + Vollverb

5–8 *Fragesätze* *Questions*

5 *Wortstellung 1*

a

question word	auxiliary	subject	main verb	
	Is	Scott	cooking	pasta?
	Can	we	help	him?
What	has	Julie	ordered?	
When	will	her pizza	arrive?	

Ein Fragesatz wird gebildet, indem man das **Hilfsverb** des Aussagesatzes **vor** das **Subjekt** stellt:
Scott is cooking … (Aussagesatz)
Is Scott cooking …? (Fragesatz)

Anmerkung

Should Mrs Jenkins be asked to come in?
How long **has** she been waiting outside?

Bei zwei oder mehr Hilfsverben wird das **erste** Hilfsverb vor das Subjekt gestellt.

Fragewörter ▶ 191–193
Indirekte Fragesätze ▶ 126

b

question word	do/does/did	subject	main verb	
		(The Bells	live	in Dublin.)
	Do	the Bells	live	in Dublin?
	Wohnen die Bells in Dublin?			
		(Colin	plays	tennis.)
	Does	Colin	play	tennis?
	Spielt Colin Tennis?			
		(Frank	talked	to Liz yesterday.
When	did	Frank	talk	to Liz?
Wann hat Frank mit Liz gesprochen?				

Im *simple present* und im *simple past* wird im Fragesatz eine Form des Hilfsverbs ***do*** **vor** das **Subjekt** gesetzt.
Das Vollverb steht im **Infinitiv**:
live, play, talk.

'Why do you answer every question with another question, doctor?' – 'Do I?'

⚠ !

(Megan does the shopping every Friday.)
What does Megan do every Friday?
Was macht Megan jeden Freitag?

(Anne went for a job interview yesterday.)
What did Anne do yesterday?
Was hat Anne gestern gemacht?

Auch Fragen mit dem **Vollverb** ***do*** („machen“, „tun“, „ausführen“, „erledigen“) werden im *simple present* mit *do/does* und im *simple past* mit *did* gebildet.

Fragen mit den Vollverben *be, have, do* ▶ 44, 46a, 49

c

question word	auxiliary + *n't*	subject	main verb	
	Isn't	Kathy	working	today?
Why	doesn't	Brian	buy	a car?

Arbeitet Kathy heute nicht?
Warum kauft Brian sich kein Auto?

Verneinte Fragen werden mit der verneinten Kurzform des Hilfsverbs gebildet.

d (The children are laughing at a stupid joke.)
What are the children laughing at?
Worüber/Über was lachen die Kinder?

Eine zum Verb gehörende **Präposition** steht auch im Fragesatz gewöhnlich **hinter** dem **Verb**.

Wortstellung in Fragen:
(Fragewort) – Hilfsverb – Subjekt – Vollverb

Anmerkung

I can speak French. – **So can I.**
Ich kann Französisch. – Ich auch.

My mother works in a bank. – **So does mine.**
Meine Mutter arbeitet in einer Bank. – Meine auch.

I haven't finished. – **Nor have I.**
Ich bin noch nicht fertig. – Ich auch nicht.

The Singhs don't live here, and **neither do the Carters.**
Die Singhs wohnen hier nicht, und die Carters auch nicht.

Die Fragesatz-Wortstellung „Hilfsverb + Subjekt" haben auch zustimmende Kurzsätze mit *so* („auch") und *nor/neither* („auch nicht").

6 *Wortstellung 2: Fragen nach dem Subjekt*

subject question	object question
(Liz likes Joshua.) Who likes Joshua? – Liz (does). *Wer mag Joshua? – Liz.*	(Liz likes Joshua.) Who does Liz like? – Joshua. *Wen mag Liz? – Joshua.*
(The accident caused a panic.) What caused a panic? – The accident. *Was führte zu einer Panik?* *– Der Unfall.*	(The accident caused a panic.) What did the accident cause? – A panic. *Was verursachte der Unfall?* *– Eine Panik.*

Mit *who, what, which* kann man nach dem Subjekt eines Satzes fragen: „wer oder was?". Fragen nach dem Subjekt werden **ohne *do/does/did*** gebildet, also anders als Fragen nach dem Objekt.

Fragewörter ▶ 191–193

Kein „do/does/did" in Wer-oder-was-Fragen!

7 Wie man Entscheidungsfragen beantwortet

a

Can you use the Internet? – Yes, I can.
Kannst du mit dem Internet umgehen? – Ja.

Does Mel know Tony? – Yes, she does.
Kennt Mel Tony? – Ja.

Have you got my videos? – No, we haven't.
Habt ihr meine Videos? – Nein.

Is Mike coming with us? – No, he isn't.
Kommt Mike mit? – Nein.

Entscheidungsfragen beantwortet man im Englischen meist mit einer so genannten **Kurzantwort** *(short answer)*, nicht nur mit *yes* oder *no*. Bei Kurzantworten wird das **Hilfsverb** des Fragesatzes wiederholt.

Didn't you ask him? – Yes, I did. / No, I didn't.
Hast du ihn denn nicht gefragt?
– Doch (, habe ich). / Nein (, habe ich nicht).

Beachte die Verwendung von *yes* („doch") und *no* bei der Beantwortung verneinter Fragen.

b

Are the O'Connors from Bristol?
– No, they aren't. They're from Dover.
Kommen die O'Connors aus Bristol?
– Nein, sie sind aus Dover.

Do you like Indian food?
– No, I don't. But I like Chinese food.
Magst du indisches Essen?
– Nein. Aber ich mag chinesisches Essen.

Um eine Entscheidungsfrage angemessen zu beantworten und das Gespräch in Gang zu halten, fügt man oft weitere Informationen zur Kurzantwort hinzu.

Anmerkung

Have you been here before?
– I'm not sure. / I don't think so. / Yes, of course.
Bist du hier schon mal gewesen?
– Ich bin nicht sicher. / Ich glaube nicht. / Na klar.

Statt Kurzantworten werden häufig auch Ausdrücke wie *I'm not sure, I don't know, of course (not), I (don't) think so, certainly* oder *perhaps* verwendet.

8 Wie man Fragen mit Fragewörtern beantwortet

a

What time is it? – Five.
Wie spät ist es? – Fünf Uhr.

Where are the tickets? – In my pocket.
Wo sind die Tickets? – In meiner Tasche.

Why didn't you ask me first?
– Because you weren't there. / You weren't there.
Warum hast du mich nicht erst gefragt?
– Weil du nicht da warst. / Du warst nicht da.

Fragen mit Fragewörtern (▸ 191) beantwortet man, indem man die **Information** gibt, **nach der gefragt wird**.

b

Who told you the answer?
– Emma. / Emma did.
Wer hat dir die Antwort verraten? – Emma.

In Antworten auf **Subjektfragen** (▸ 6) werden oft **Hilfsverben** verwendet:
Emma does/did/is/has/can.

Who wants to go for a hamburger? – Me./I do.
Wer will einen Hamburger essen gehen? – Ich.

Das Pronomen *I* kann nicht allein stehen. Stattdessen verwendet man meist *me* (oder *I* + Verb: *I do/can* usw.).

9–10 *Frageanhängsel* *Question tags*

9 *Formen*

Zur Bildung eines Frageanhängsels wird das (erste) Hilfsverb des Aussagesatzes + *I/you/he* usw. verwendet.

a

+	–
Suzanne is playing squash,	isn't she?
The thief has been caught,	hasn't he?
Richard can speak German,	can't he?
Your girlfriend lives in Hull,	doesn't she?
You saw Vicky last week,	didn't you?

Wenn der **Aussagesatz bejaht (+)** ist, ist das **Frageanhängsel verneint (–)**.

Im *simple present* wird das Frageanhängsel mit *don't/doesn't*, im *simple past* mit *didn't* gebildet.

b

–	+
Joshua isn't coming today,	is he?
You haven't seen my sister,	have you?
Sandra can't play the guitar,	can she?
We don't have to leave now,	do we?
Steve and Amy didn't ring,	did they?

Wenn der **Aussagesatz verneint (–)** ist, ist das **Frageanhängsel bejaht (+)**.

Verneinung ▶ 4
Wortstellung in Fragesätzen ▶ 5 a/b

'You're not thinking of putting me back in there, are you?'

10 *Gebrauch*

a It's too cold in here, isn't it?
Es ist zu kalt hier drin, nicht wahr?
– Yes, it is. I'll close the window.

That didn't take long, did it?
Das hat doch nicht lange gedauert, nicht wahr?
– No, it was easier than I thought.

Frageanhängsel (deutsch: „nicht wahr?", „nicht?", „gell?", „oder?", „ja?") werden häufig in Gesprächen verwendet, wenn man vom Gesprächspartner **Zustimmung** zur eigenen Aussage erwartet. In diesem Fall geht die Stimme am Ende des Satzes nach unten.

b The film starts at 8.15, doesn't it?
Der Film fängt um Viertel nach acht an, oder?
– No, it doesn't. It starts earlier.

You can't ride a motorbike, can you?
Du kannst nicht Motorrad fahren, oder?
– Yes, I can. I learned last year.

Frageanhängsel werden auch verwendet, wenn man unsicher ist und beim Gesprächspartner **nachfragen** will. In diesem Fall geht die Stimme am Ende des Satzes nach oben.

c You live in London, don't you?
– Yes, I do. / Yes, that's right.
– No, I don't. I live in Brighton.
Du wohnst in London, nicht wahr?
– Ja. / Stimmt.
– Nein. Ich wohne in Brighton.

Auf Aussagen mit Frageanhängseln kann man mit Zustimmung oder Widerspruch reagieren. Meist verwendet man das Hilfsverb aus dem Aussagesatz.

You can't speak French, can you?
– Oh yes, I can!
– No, I'm sorry I can't. / No, that's right.
Du kannst kein Französisch, oder?
– Doch!
– Nein, leider nicht. / Nein, stimmt.

Auch auf eine verneinte Aussage reagiert man mit *yes* … („doch") oder *no* …

11 *Aufforderungssätze* *Imperatives/Commands*

a Listen.
Hör/Hört/Hören Sie zu!

Be quiet, you two.
Seid still, ihr beiden!

Der **Imperativ** (die Befehlsform) hat dieselbe Form wie der Infinitiv (ohne *to*). Es gibt nur eine Form – egal ob man eine oder mehrere Personen anspricht. Wie im Deutschen fordert man mit dem Imperativ jemand auf, etwas zu tun.

Please take a brochure.
Bitte nehmen Sie sich eine Broschüre.

Der Imperativ mit *please* drückt eine Bitte aus.

Turn the music off, please.
Stell bitte die Musik ab.

!

'Stop doing that!' he shouted.
„Hör auf damit!", rief er.

Im Englischen steht nur nach wirklichen Ausrufen ein Ausrufezeichen. Meist steht nach Imperativen ein Punkt.

Zeichensetzung ▶ 208

b Don't listen.
Hör/Hört/Hören Sie nicht zu!

Please do not smoke here.
Bitte rauchen Sie hier nicht.

Der **verneinte Imperativ** wird mit *do not* (Kurzform: *don't*) gebildet.

c Let's go to the cinema.
Gehen wir (doch) ins Kino.

Let's not fight. / Don't let's fight.
Lass uns nicht streiten.

Let's (= *Let us*) + Infinitiv (ohne *to*) verwendet man, wenn man sich in die Aufforderung oder den Vorschlag mit einbezieht.

Anmerkung

Could you/Can you tell me the time, please?
Könnten Sie/Kannst du mir bitte sagen, wie spät es ist?

Für höfliche Bitten und Aufforderungen verwendet man statt des Imperativs meist *could you/can you/would you …?.* ▶ 37

12–13 *Haupt- und Nebensätze* *Main clauses and subordinate clauses*

Ein Hauptsatz kann allein stehen. Er kann aber auch mit einem weiteren Hauptsatz oder einem Nebensatz verbunden werden.

12 *Satzreihe*

main clause		main clause
I like windsurfing,	and	I enjoy sailing.
Ich mag Windsurfen und ich segle gern.		
Should we go out,	or	should we stay at home?
Sollen wir ausgehen oder sollen wir zu Hause bleiben?		
Write the letter,	but	don't sign it.
Schreibe den Brief, aber unterschreibe ihn nicht!		

Wenn **Hauptsätze** *(main clauses)* miteinander verbunden werden, spricht man von einer **Satzreihe**.

Zur Verbindung der Hauptsätze verwendet man meist *and*, *or* oder *but*.

Nebenordnende Konjunktionen ▶ 15

13 *Satzgefüge*

a

main clause	subordinate clause
I'll phone you	when we get home.
Ich rufe dich an, wenn wir zu Hause sind.	
Adam can't come	because he's babysitting.
Adam kann nicht kommen, weil er babysitten ist.	
This isn't the man	who robbed me.
Das ist nicht der Mann, der mich bestohlen hat.	
Where's the shop	that sells posters?
Wo ist der Laden, der Poster verkauft?	
Do you know	where Samantha lives?
Weißt du, wo Samantha wohnt?	
Can you tell me	what 'RAM' means?
Kannst du mir sagen, was „RAM" bedeutet?	

Wenn ein **Hauptsatz** *(main clause)* mit einem **Nebensatz** *(subordinate clause)* verbunden wird, spricht man von einem **Satzgefüge**.

Der Nebensatz wird eingeleitet
- durch eine Konjunktion (z.B. *when, because, after, although*), ▶ 16
- durch ein Relativpronomen (z.B. *who, that*), ▶ 26
- durch ein Fragewort (z.B. *where, what, how*). ▶ 191

!

	subject	verb	
We stopped talking when	Jesse	called	us.
Wir hörten auf zu reden, als Jesse uns rief.			

Die Wortstellung in Nebensätzen ist wie in Hauptsätzen: ***subject – verb***. ▶ 3

'I'll be glad when his headphones are repaired.'

headphones Kopfhörer
repair [rɪˈpeə] reparieren

b

subordinate clause	main clause
If it's hot,	we'll go to the beach.
Wenn es heiß ist,	*gehen wir an den Strand.*
When Ed saw me,	he laughed.
Als Ed mich sah,	*lachte er.*

Nebensätze mit *if*, *when*, *as* usw. können auch **vor** dem Hauptsatz stehen.
Anders als im Deutschen ändert sich die Wortstellung des Hauptsatzes dadurch nicht.

Zeichensetzung ▶ 207 a/b

Wortstellung in Nebensätzen wie in Hauptsätzen: Subjekt – Prädikat

14–16 *Konjunktionen* *Conjunctions*

14 *Funktion*

Konjunktionen (Bindewörter) haben unterschiedliche Funktionen:

bread and butter
Brot und Butter

We can eat in the house or in the garden.
Wir können im Haus oder im Garten essen.

I like her but I don't like him.
Ich mag sie, aber ich mag ihn nicht.

- **Nebenordnende Konjunktionen** verknüpfen Wörter *(bread, butter)*, Satzteile *(in the house, in the garden)* oder Hauptsätze *(I like her, I don't like him)*. ▶ 15

When my mother came in, I started working.
Als meine Mutter hereinkam, fing ich an zu arbeiten.

We had to go home because it got too cold.
Wir mussten nach Hause gehen, weil es zu kalt wurde.

- **Unterordnende Konjunktionen** leiten Nebensätze ein. Sie verbinden die Nebensätze mit Hauptsätzen. ▶ 16

15 *Nebenordnende Konjunktionen*

Sheena ran to the gate and rang the bell.	und
Both Kate and her sister are married.	sowohl … als auch
Shall we eat at home or go out to a restaurant?	oder
You can either phone or send an e-mail.	entweder … oder
Ollie left a note but didn't say goodbye.	aber
Our house isn't the first but the second on the left.	sondern
Alex was not only silly but also rude.	nicht nur … sondern auch
I wasn't enjoying myself so I left.	deshalb, daher

16 Unterordnende Konjunktionen

a Konjunktionen, die Nebensätze der Zeit einleiten

I made tea after Mum came home.	nachdem
Yasmin got up as the sun was rising.	als, während
We'll ask Marvin as soon as he gets here.	sobald
Finish your homework before you watch that film.	bevor, ehe
Can you wait until/till I come home? You can't learn to drive until/till you're seventeen.	bis nicht bevor, erst wenn
We'll be there when you come home. Laura's father cried when she left home. The Lees watched TV when they had eaten.	wenn als nachdem
Help is there whenever you need it.	wann (auch) immer, immer wenn
I broke my leg while I was on holiday.	während

Simple present nach *after, before* usw. ► 81 b

b Konjunktionen, die Nebensätze des Grundes einleiten

As it was raining, we couldn't play outside.	da, weil
Jill made her parents proud because she won a prize.	weil

c Konjunktionen, die Nebensätze der Bedingung einleiten

If you see Ingrid, tell her the news.	wenn, falls
I'll go there as long as it's near the sea.	vorausgesetzt dass

Bedingungssätze ► 21–24

d Sonstige Konjunktionen

I missed the bus although/though I had got up early.	obwohl
As you all know, we don't have much time.	wie
It looks as if it'll rain soon.	als ob
I'll finish this even if it kills me.	selbst wenn, auch wenn
I don't know if/whether I can come with you or not.	ob
Can you draw a map so (that) I can find your house?	sodass, damit
Poverty is worse here than you imagine.	als *(in einem Vergleichssatz)*
Jim says that he is never late.	dass
Put the picture where I can see it.	(da) wo, dahin wo
We'll find you, wherever you are.	wo (auch) immer, wohin auch immer
Mel is very tall, while her brother is quite short.	während, wohingegen

17 *Verben mit zwei Objekten* *Verbs with two objects*

a

	indirect object	direct object
Who gave	you	that video?
Ruth sent	her aunt	a fax.

Wer hat dir dieses Video gegeben?
Ruth schickte ihrer Tante ein Fax.

'Miss Ellis, could you come in here and pass me my coffee?'

© Punch Ltd

Wie im Deutschen gibt es im Englischen Verben, nach denen zwei Objekte stehen können:

- ein **Personenobjekt** *(indirect object)*,
- ein **Sachobjekt** *(direct object)*.

Zu diesen Verben gehören:

bring	(her)bringen	*order*	bestellen
buy	kaufen	*pass*	reichen, geben
cook	kochen	*pay*	bezahlen
e-mail	mailen, e-mailen	*promise*	versprechen
		read	vorlesen
fax	faxen	*sell*	verkaufen
fetch	holen	*send*	schicken
get	besorgen, holen	*show*	zeigen
		take	(hin)bringen
give	geben	*teach*	beibringen
leave	überlassen	*tell*	sagen, erzählen
lend	leihen		
make	machen	*throw*	(zu)werfen
offer	anbieten	*write*	schreiben

b

	person	thing
Sue gave	Katie	the camera.
I bought	my mum	some flowers.

Sue hat Katie die Kamera gegeben.
Ich habe meiner Mutter Blumen gekauft.

Die normale Wortstellung bei Verben mit zwei Objekten ist: **Personenobjekt vor Sachobjekt („P vor S")**: *give somebody something*.

c

	thing	*to/for* + person
Sue gave	the camera	to Katie.
I bought	some flowers	for my mum.

Sue hat die Kamera Katie (und nicht Cathy) gegeben.
Ich habe Blumen für meine Mutter (und nicht für meinen Vater) gekauft.

Wenn das Personenobjekt hervorgehoben werden soll, ist die Wortstellung:
Sachobjekt vor Personenobjekt.
Das nachgestellte Personenobjekt muss immer mit ***to*** oder (bei den Verben *buy, cook, fetch, get, make, order*) mit ***for*** angehängt werden:
give something to somebody,
buy something for somebody.

!

Who did Sue give the camera to?
Wem hat Sue die Kamera gegeben?

Who did you buy the flowers for?
Für wen hast du die Blumen gekauft?

In **Fragen** nach dem Personenobjekt steht immer *to* oder *for* (am Satzende).

d

	it/them	*to/for* + person
Sue gave	it	to Katie.
Sue gave	it	to her.
I bought	them	for my mum.

Sue hat sie (= die Kamera) Katie gegeben.
Sue hat sie ihr gegeben.
Ich habe sie (= die Blumen) für meine Mutter gekauft.

Wenn das Sachobjekt *it* oder *them* ist, ist die Wortstellung:
***it/them* + *to* + Personenobjekt**
beziehungsweise
***it/them* + *for* + Personenobjekt**.

'Press these flowers into a scanner and e-mail them to my wife, please, Monique.'

e

	to + person
Can you describe the scene	to me?
I'll explain the problem	to Sandra.
Maria introduced me	to her parents.
We mentioned the idea	to our teacher.
I'll report the accident	to the police.

Kannst du mir die Szene beschreiben?
Ich werde Sandra das Problem erklären.
Maria hat mich ihren Eltern vorgestellt.
Wir erwähnten die Idee gegenüber unserer Lehrerin.
Ich werde den Unfall der Polizei melden.

Bei folgenden Verben fügt man die Person, der etwas gesagt, erklärt usw. wird, **immer mit *to*** an:

announce (to sb.)	ankündigen
describe (to sb.)	beschreiben
dictate (to sb.)	diktieren
explain (to sb.)	erklären
introduce (to sb.)	vorstellen
mention (to sb.)	erwähnen
report (to sb.)	berichten, melden
say (to sb.)	sagen, erzählen
suggest (to sb.)	vorschlagen

!

Kannst du mir das erklären?
nicht: Can you ~~explain me that~~?
sondern: Can you explain that to me?

Das *to* bei *explain sth. to sb.* usw. darf nicht fehlen.

Liam, bitte erklär mir, wie du das gemacht hast.
nicht: Liam, please ~~explain me~~ how you did it.
sondern: Liam, please explain to me how you did it.

To muss auch stehen, wenn das Personenobjekt direkt auf die hier genannten Verben folgt.

Passiv von Verben mit zwei Objekten ▶ 90

Verben mit zwei Objekten:
- Verb + Person + Sache: P vor S
- Verb + Sache + „to/for" + Person

18–20 *Verben mit Adverbien* *Phrasal verbs*

18 *Verb + Adverb als feste Verbindung*

a Richard has to get up at five every morning.
Richard muss jeden Morgen um fünf aufstehen.

That jacket is nice. Don't give it away.
Die Jacke ist schön. Gib sie nicht weg!

Viele englische Verben können mit bestimmten kurzen Adverbien (z.B. *up, down, away, off, out*) verbunden werden.
Solche festen Verb-Adverb-Verbindungen werden als ***phrasal verbs*** bezeichnet.

b Go on reading until I tell you to stop.
Lies weiter, bis ich dir sage, dass du aufhören sollst.

The team continued working on the project.
Das Team arbeitete weiter an dem Projekt.

Phrasal verbs werden häufig im **informellen** Englisch (in der Umgangssprache) verwendet.

Im formelleren, geschriebenen Englisch werden oft andere Verben bevorzugt (z.B. *continue* statt *go on*).

19 *Bedeutung*

a Did you get your history test back?
Hast du deinen Geschichtstest zurückbekommen?

I'm going to throw these old posters away.
Ich werde diese alten Poster wegwerfen.

Die Bedeutung eines *phrasal verbs* ergibt sich oft aus der Bedeutung seiner **Bestandteile** (z.B. *get + back, throw + away*).

Don't believe Zoe. She makes up all her stories.
Glaub Zoe nicht! Sie denkt sich all ihre Geschichten aus.

Pete always hangs out with the same guys.
Pete treibt sich immer mit denselben Typen rum.

Häufig hat das *phrasal verb* jedoch eine **neue Bedeutung**, die nicht aus der Grundbedeutung von Verb und Adverb hervorgeht.

b Mrs Pane asked her son to pick up his toys.
Mrs Pane bat ihren Sohn, seine Spielsachen aufzuheben.

Could you pick me up at the station, please?
Könnten Sie mich bitte vom Bahnhof abholen?

Where did you pick up these French words?
Wo hast du diese französischen Wörter aufgeschnappt?

Viele *phrasal verbs* haben mehr als eine Bedeutung.

c It took me an hour to put up the new tent.
Ich brauchte eine Stunde, um das neue Zelt aufzubauen.

Jenny put down her bag and went upstairs.
Jenny stellte ihre Tasche ab und ging nach oben.

Put on your coat. It's cold today.
Zieh deinen Mantel an. Es ist kalt heute.

Put in the right verb, please.
Bitte setzt das richtige Verb ein.

Viele Verben können mit unterschiedlichen Adverbien verbunden werden, z.B.:

put up	aufstellen, errichten, aufhängen
put down	hinstellen, hinlegen
put on	anziehen, *(Hut, Helm)* aufsetzen
put in	einsetzen

20 *Stellung des Objekts*

a

	verb	noun	adverb		verb	noun	adverb
I	took	my shoes	off	and	turned	the TV	on.

	verb	adverb	noun		verb	adverb	noun
I	took	off	my shoes	and	turned	on	the TV.

Ich zog meine Schuhe aus und machte den Fernseher an.

Auf viele *phrasal verbs* folgt ein Objekt. Wenn das Objekt ein Nomen ist (z.B. *my shoes, the TV*), kann es vor oder nach dem Adverb stehen: **Verb + Nomen + Adverb** oder **Verb + Adverb + Nomen**.

b

(Maria tried on the blue dress.)

	verb	pronoun	adverb
But when she saw the price, she	took	it	off.

(Maria probierte das blaue Kleid an.)
Aber als sie den Preis sah, zog sie es wieder aus.

Wenn das Objekt ein Pronomen ist (z.B. *it, him, her, them*), muss es vor dem Adverb stehen: **Verb + Pronomen + Adverb**.

c

I left out the three most difficult questions in the maths test.
Ich habe die drei schwierigsten Aufgaben in der Mathearbeit ausgelassen.

Ein langes Objekt (z.B. *the three most difficult questions in the maths test*) steht meist nach dem Adverb: Verb + Adverb + langes Objekt.

Anmerkung

John **believes in** life after death.
John glaubt an ein Leben nach dem Tod.

But his sister doesn't **believe in** it.
Aber seine Schwester glaubt nicht daran.

Verben können auch mit einer Präposition (z.B. *in, at, for*) fest verbunden sein. Sie werden dann *prepositional verbs* genannt. Das nachfolgende Objekt (z.B. *life, it*) steht immer unmittelbar nach der Präposition: Verb + Präposition + Nomen/Pronomen.

'It takes him ages to put his make-up on.'

it takes him ages er braucht eine Ewigkeit

Phrasal verbs:
„write the words down" oder
„write down the words".
Aber nur: „write them down".

KAPITEL

2 Bedingungssätze *Conditional sentences*

'Come on, junior. Daddy will get angry if you don't play with your food.'

21 Übersicht *Summary*

a

if-clause	main clause
If I miss the bus,	I'll be late for school.

Wenn/Falls ich den Bus verpasse, komme ich zu spät zur Schule.

main clause	*if*-clause
I'll be late for school	if I miss the bus.

Ich komme zu spät zur Schule, wenn/falls ich den Bus verpasse.

Bedingungssätze bestehen aus zwei Teilen:

- Im **Nebensatz** mit *if (if-clause)* wird eine **Bedingung** oder Annahme genannt („wenn ich den Bus verpasse").
- Im **Hauptsatz** *(main clause)* steht, was geschieht, wenn diese Bedingung erfüllt wird (**Folge**: „dann komme ich zu spät zur Schule").

Der *if*-Satz kann auch **nach** dem Hauptsatz stehen. Dann setzt man kein Komma zwischen Hauptsatz und *if*-Satz. ► 207 a

b

if-clause	main clause
If I train more,	I'll win the race.

Wenn ich mehr trainiere, gewinne ich das Rennen.

If I trained more,	I would win the race.

Wenn ich mehr trainierte/trainieren würde, würde ich das Rennen gewinnen.

If I had trained more,	I would have won the race yesterday.

Wenn ich mehr trainiert hätte, hätte ich das Rennen gestern gewonnen.

Es gibt drei wichtige Arten von Bedingungssätzen:

- Typ I: **erfüllbare** Bedingungen: „Was passiert, wenn ich mehr trainiere?" ► 22
- Typ II: **nicht erfüllbare** oder wahrscheinlich nicht erfüllbare Bedingungen: „Was würde passieren, wenn ich mehr trainieren würde?" ► 23
- Typ III: **nicht mehr erfüllbare** Bedingungen: „Was wäre gestern passiert, wenn ich mehr trainiert hätte?" ► 24

!

If I'm in Chester next week, I'll visit you.
Wenn/Falls ich nächste Woche in Chester sein sollte …
(Es ist nicht sicher, dass ich nach Chester fahre.)

If („wenn", „falls") leitet einen Nebensatz der **Bedingung** ein.

When I'm in Chester next week, I'll visit you.
Wenn/Sobald ich nächste Woche in Chester bin …
(Es ist sicher, dass ich nach Chester fahre.)

When („dann wenn", „sobald") leitet einen Nebensatz der **Zeit** ein.

22 *Bedingungssatz I* *Conditional sentence I*

a

if-clause	main clause
If Mike wins tomorrow,	he'll (= he will) get a prize.
Wenn Mike morgen gewinnt,	*bekommt er einen Preis.*
If Sue's mum needs help,	she should tell me.
Wenn Sues Mutter Hilfe braucht,	*sollte sie es mir sagen.*

Bedingungssätze des Typs I beziehen sich auf die **Zukunft** oder die **Gegenwart**. Mit dem ***simple present* im *if*-Satz** drückt der Sprecher aus, dass er es für **möglich** hält, dass die genannte Bedingung eintritt: Es ist möglich oder wahrscheinlich, dass Mike gewinnt oder dass Sues Mutter Hilfe braucht.

If David's aunt is English,	ask her what 'plc' means.
Wenn Davids Tante Engländerin ist,	*frag sie, was „plc" bedeutet.*

Manchmal bezieht sich der Sprecher auf eine bestehende Tatsache: Davids Tante ist Engländerin.

if-Satz:
simple present

Hauptsatz:
- *will-future*
- *can* / *should* / *must* / *needn't* + Infinitiv
- Imperativ

Das *simple present* in zukunftsbezogenen Nebensätzen ▶ 81 b

b

if-clause	main clause
If it's very cold,	water becomes ice.
Wenn es sehr kalt ist, wird Wasser zu Eis.	
(= Immer wenn es sehr kalt ist …)	
If I need help or money,	I ask my uncle.
Jedes Mal wenn ich Hilfe oder Geld brauche,	*frage ich meinen Onkel.*

Wenn man ausdrücken will, dass etwas immer wieder passiert (als logische Folge von etwas anderem), steht auch im Hauptsatz das *simple present*. *If* bedeutet dann so viel wie *whenever* („jedes Mal wenn", „immer wenn").

if-Satz:
simple present

Hauptsatz:
simple present

Anmerkung

If Bina **is sleeping**, just wake her up.
Wenn Bina schläft, weck sie einfach auf.

If you**'ve surfed** before, you'll love these waves.
Wenn du schon mal gesurft bist, werden dir diese Wellen gefallen.

If I **can't come**, I'll phone.
Wenn ich nicht kommen kann, rufe ich an.

Die Zeitform im *if*-Satz hängt von der Situation ab, auf die sich die Bedingung bezieht. Daher können im *if*-Satz außer dem *simple present* auch folgende Formen stehen:
- das *present progressive (is sleeping)*,
- das *present perfect (have surfed)*,
- ein modales Hilfsverb + Infinitiv *(can't come)*.

Bedingungssatz I: Was ist, wenn …?
Im if-Satz: simple present (nicht: ~~will~~)

23 *Bedingungssatz II* *Conditional sentence II*

if-clause	main clause
If James won tomorrow,	he would (= he'd) get a prize.

Wenn James morgen gewinnen würde, würde er einen Preis bekommen.

If Samantha went to Rome,	she could learn some Italian.

Wenn Samantha nach Rom führe/fahren würde, könnte sie Italienisch lernen.

Bedingungssätze des Typs II beziehen sich auf die **Zukunft** oder die **Gegenwart**.
Mit dem ***simple past* im *if*-Satz** drückt der Sprecher aus, dass er es für **unwahrscheinlich** hält, dass die genannte Bedingung eintritt: Es ist unwahrscheinlich, dass James gewinnt oder dass Samantha nach Rom fährt.

If my parents were younger,	they might learn to ski.

Wenn meine Eltern jünger wären, würden sie vielleicht Ski fahren lernen.

Der Sprecher kann auch eine Bedingung nennen, die **nicht erfüllbar** ist, weil sie den Tatsachen widerspricht: Die Eltern sind nun mal nicht jünger.

if-Satz:
simple past

Hauptsatz:
would / *could* / *might* } + Infinitiv

!

1 *Wenn ich auf dem Mond leben würde …*
nicht: If I ~~would live~~ on the moon …
sondern: If I lived on the moon …

Den Konjunktivformen im wenn-Satz („leben würde", „lebte") entspricht das *simple past* im *if*-Satz.

2 If I had a job, I would have more money.
Wenn ich eine Stelle hätte, hätte ich mehr Geld.

„hätte" < im *if*-Satz: *had* / im Hauptsatz: *would have*

3 If Lucy was my girlfriend, I would be happy.
Wenn Lucy meine Freundin wäre, wäre ich glücklich.

„wäre" < im *if*-Satz: *was* / im Hauptsatz: *would be*

Anmerkungen

1 If Jane **were** taller, she would play basketball.
(= If Jane **was** taller …)
Wenn Jane größer wäre, würde sie Basketball spielen.

Statt der Verbform *was* wird im *if*-Satz manchmal *were* gebraucht.

If I were you, I would (= I'd) call the police.
Wenn ich du wäre,/An deiner Stelle würde ich die Polizei rufen.

Für Ratschläge verwendet man die Wendung *if I were you, I would (= I'd) …*

2 If Nick **could come** with us, the evening would be more fun.
Wenn Nick mitkommen könnte, hätten wir am Abend mehr Spaß.

Im *if*-Satz kann auch *could* + Infinitiv stehen.

Bedingungssatz II: Was wäre, wenn …?
Im if-Satz: simple past (nicht: ~~would~~)

24 *Bedingungssatz III* *Conditional sentence III*

if-clause	main clause
If it had been warmer,	I would have gone to the sea.
Wenn es wärmer gewesen wäre, wäre ich ans Meer gefahren.	
If Henrietta had asked us,	we could have helped her.
Wenn Henrietta uns gefragt hätte, hätten wir ihr helfen können.	
If you had shouted louder,	Bill might have heard you.
Wenn ihr lauter gerufen hättet, hätte Bill euch vielleicht gehört.	

if-Satz:
past perfect
(= *had* + Partizip Perfekt)

Hauptsatz:
would have / *could have* / *might have* } + Partizip Perfekt

Bedingungssätze des Typs III beziehen sich auf die **Vergangenheit**. Mit dem ***past perfect* im *if*-Satz** drückt der Sprecher aus, dass er sich etwas vorstellt, was in Wirklichkeit **nicht geschehen** ist. Die genannte Bedingung wurde also **nicht erfüllt**:
Es war nicht wärmer.
Henrietta hat uns nicht gefragt.
Ihr habt nicht laut gerufen.

!

1 If you'd come earlier, you'd have seen Ann.
= If you had come earlier, you would have seen Ann.
Wenn du früher gekommen wärst, hättest du Ann gesehen.

Die Kurzform *'d* steht im *if*-Satz für *had*, im Hauptsatz aber für *would*.

2 If your father had asked me, I would have helped him.
Wenn dein Vater mich gefragt hätte, hätte ich ihm geholfen.

If my holiday had been longer, I would have gone to Rome.
Wenn mein Urlaub länger gewesen wäre, wäre ich nach Rom gefahren.

„hätte"/„wäre" + Partizip Perfekt

im *if*-Satz:	im Hauptsatz:
had + Partizip Perfekt	*would have* + Partizip Perfekt

Anmerkung

If I had got up earlier, I **wouldn't be** late now.
Wenn ich früher aufgestanden wäre, wäre ich jetzt nicht spät dran.

If Pete hadn't left, we **could play** cards now.
Wenn Pete nicht gegangen wäre, könnten wir jetzt Karten spielen.

Im Hauptsatz kann auch *would/could/might* + Infinitiv stehen: In diesen Fällen beschreibt der Hauptsatz, was jetzt, also in der Gegenwart, der Fall wäre, wenn die Bedingung im *if*-Satz erfüllt worden wäre.

Bedingungssatz III: Was wäre gewesen, wenn ...?
Im if-Satz: past perfect (nicht: ~~would have~~)

KAPITEL

3 Relativsätze *Relative clauses*

25 Gebrauch *Use*

The woman who answered the phone couldn't help.
Die Frau, die am Telefon war, konnte nicht weiterhelfen.

Here are some photos that show my grandma.
Hier sind ein paar Fotos, auf denen meine Oma zu sehen ist.

Relativsätze beziehen sich auf ein vorangehendes Nomen (= **Bezugswort**) und bestimmen es näher. Meist werden sie verwendet, um klarzumachen, wer oder was gemeint ist (z.B. welche Frau, was für Fotos).
Relativsätze werden durch **Relativpronomen**, z.B. *who* oder *that*, eingeleitet.

⚠

subject verb

1 That's the boy who speaks Japanese.
Das ist der Junge, der Japanisch spricht.

Hauptsatz: He speaks Japanese.
Er spricht Japanisch.

Wie alle englischen Nebensätze haben auch Relativsätze die Wortstellung ***subject – verb***, also wie im Hauptsatz.

2 The camera that you gave me doesn't work.
Die Kamera, die du mir gegeben hast, funktioniert nicht.

Die hier beschriebenen Relativsätze werden im Englischen **nicht** durch **Kommas** vom Hauptsatz getrennt.

to-Infinitiv anstelle eines Relativsatzes ► 94 Anm., 95 Anm.
Partizip anstelle eines Relativsatzes ► 114 c
Zeichensetzung ► 207 b

'Next time you decide to fight a boy, choose one who is smaller than you and whose father is smaller than me!'

26 *Die Relativpronomen* *The relative pronouns*

a There's the girl who/that danced with me earlier.
Da ist das Mädchen, das vorhin mit mir getanzt hat.

The people who/that we met on holiday are nice.
Die Leute, die wir im Urlaub kennengelernt haben, sind nett.

Wenn sich der Relativsatz auf **Personen** bezieht, wird *who* oder *that* verwendet. *Who* ist häufiger.

I know a shop that/which sells really good ice cream.
Ich kenne einen Laden, der wirklich gutes Eis verkauft.

What's the name of the horse that/which won the race?
Wie heißt das Pferd, das das Rennen gewonnen hat?

Nach **Dingen** und Tieren steht *that* oder *which*. *Which* wird vor allem im geschriebenen Englisch verwendet.

b Look, that's the boy whose father is from Syria.
Schau mal, das ist der Junge, dessen Vater aus Syrien kommt.

The girls whose dog died are very sad.
Die Mädchen, deren Hund gestorben ist, sind sehr traurig.

That's the club whose members are interested in science fiction.
Das ist der Klub, dessen Mitglieder sich für Science-Fiction interessieren.

Whose + Nomen entspricht dem deutschen **„dessen“** oder **„deren“**. Es drückt Zugehörigkeit oder Besitz aus.

⚠

That girl who's playing table tennis goes to my school.
Das Mädchen da, das Tischtennis spielt, geht auf meine Schule.

That woman who's got a house in Spain must be very rich.
Diese Frau, die ein Haus in Spanien hat, muss sehr reich sein.

Whose („dessen, deren“) darf nicht mit der Kurzform ***who's*** *(= who is, who has)* verwechselt werden.

who, which, whose in Fragen ▶ 191–193

c That's the girl / Those are the girls | who helped me.
Das ist das Mädchen, das mir geholfen hat.
Das sind die Mädchen, die mir geholfen haben.

Alle Relativpronomen können sich auf Nomen im Singular *(girl)* und auf Nomen im Plural *(girls)* beziehen.

- „who“ (oder „that“) für Personen
- „that“ (oder „which“) für Sachen
- „whose“ = dessen, deren

27 *Präpositionen in Relativsätzen* *Prepositions in relative clauses*

This is the woman who Felix lives with.
Das ist die Frau, mit der Felix zusammenlebt.
(Hauptsatz: Felix lives with this woman.)

Here's the CD that you've been looking for.
Hier ist die CD, nach der du gesucht hast.
(Hauptsatz: You've been looking for the CD.)

Eine **Präposition** steht im Relativsatz **hinter** dem **Verb**, also an derselben Stelle wie in einem Hauptsatz.

28 *Relativsätze ohne Relativpronomen* Contact clauses

a

	object	subject	verb		
The man		who	phoned	earlier	is here.

Der Mann, der vorhin angerufen hat, ist hier.

	object	subject	verb		
The man	who	you	phoned	earlier	is here.

Der Mann, den du vorhin angerufen hast, ist hier.

Who, *that* und *which* können als Subjekt oder als Objekt des Relativsatzes stehen.

b

	object		
The girls	who	I asked	were from Poland.

oder:

The girls I asked were from Poland.
Die Mädchen, die ich gefragt habe, kamen aus Polen.

The book that you gave me is brilliant.
oder:
The book you gave me is brilliant.
Das Buch, das du mir gegeben hast, ist toll.

The man who I was talking to is our teacher.
oder:
The man I was talking to is our teacher.
Der Mann, mit dem ich gesprochen habe, ist unser Lehrer.

The flat which the Singhs live in is too small.
oder:
The flat the Singhs live in is too small.
Die Wohnung, in der die Singhs wohnen, ist zu klein.

Wenn *who*, *that* oder *which* **Objekt** des Relativsatzes sind, werden sie häufig **weggelassen**.
Relativsätze ohne Relativpronomen nennt man *contact clauses*.

'Shh – Dr Gottlieb is writing the biggest number he can think of.'

Wenn „who", „that" oder „which" Objekt sind, werden sie oft weggelassen.

29 *Nicht bestimmende Relativsätze* *Non-defining relative clauses*

a Ashraf, who is always early, was there already.
Ashraf, der immer früh dran ist, war schon da.

J.K. Rowling's new book, which has over 350 pages, is fantastic.
J.K. Rowlings neues Buch, das über 350 Seiten hat, ist toll.

Relativsätze, die lediglich **zusätzliche, ergänzende Informationen** zum Bezugswort enthalten, nennt man „nicht bestimmende Relativsätze". Sie könnten auch weggelassen werden, ohne dass die Aussage des Hauptsatzes unklar würde.
Solche Relativsätze werden durch **Kommas** vom Hauptsatz getrennt (also wie im Deutschen).

Zeichensetzung ► 207 b

b Mother Theresa, who lived from 1910 to 1997, cared for the ill and dying in Calcutta.
Mutter Theresa, die von 1910 bis 1997 gelebt hat, kümmerte sich um Kranke und Sterbende in Kalkutta.

Wenn sich ein nicht bestimmender Relativsatz auf Personen bezieht, wird *who* verwendet.
Nach Dingen steht *which*.
That wird nicht verwendet.

Jim told me about his new job, which he's enjoying a lot.
Jim hat mir von seiner neuen Arbeit erzählt, die ihm sehr gut gefällt.

Auch wenn das Relativpronomen eines nicht bestimmenden Relativsatzes als Objekt steht (z.B. *which he's enjoying*), darf es nicht weggelassen werden.

c Agatha Christie, whose detective stories are world-famous, did not go to school at all.
Agatha Christie, deren Detektivgeschichten weltberühmt sind, ist gar nicht zur Schule gegangen.

Whose + Nomen bedeutet „dessen" oder „deren".

Anmerkungen

1 Mr Taylor, **who works in London**, likes big cities.
Herr Taylor, der in London arbeitet, mag Großstädte.

Nicht bestimmende Relativsätze kommen überwiegend im förmlichen (meist geschriebenen) Englisch vor.

Mr Taylor works in London. He likes big cities, you see.
Herr Taylor arbeitet in London. Er mag nämlich Großstädte.

Im informellen Englisch werden andere Konstruktionen verwendet.

2 Mr Khan, **to whom I spoke on the phone**, can't come.
Herr Khan, mit dem ich telefoniert habe, kann nicht kommen.

Im nicht bestimmenden Relativsatz steht die Präposition meist **vor** dem Relativpronomen. Wenn das Bezugswort eine Person ist, verwendet man die Objektform *whom*. Das klingt aber sehr förmlich.

3 Brian won the 100 metres, **which surprised everybody**.
Brian gewann die 100 Meter, was alle überraschte.

Nicht bestimmende Relativsätze können sich auf einen ganzen Satz beziehen. In diesem Fall lautet das Relativpronomen immer *which* („was").

KAPITEL

4 Modale Hilfsverben und be, have, do
Modal auxiliaries and be, have, do

30 Verbarten *Types of verb*

Die englischen Verben lassen sich in drei Gruppen einteilen:

- can, could, will, would, must, need not, may, might, shall, should, ought to — **modale Hilfsverben** ▶ 31–40
- be, have, do — die Verben ***be***, ***have*** und ***do***, die als Hilfsverben oder Vollverben verwendet werden können ▶ 41–50
- play, read, work, think, like, hear, … — **Vollverben** ▶ 51–74

31 Formen und Merkmale modaler Hilfsverben
Forms and characteristics of modal auxiliaries

a I can ride a motorbike.
Ich kann Motorrad fahren.

You mustn't read my e-mails.
Du darfst meine E-Mails nicht lesen.

Auf modale Hilfsverben folgt der **Infinitiv ohne *to*** (Ausnahme: *ought to*).

b I/You/He/She/It | We/You/They can play the guitar.

Es gibt für alle Personen nur eine Form.
Nach *he/she/it* wird **kein -*s*** angehängt.

c I can't play the piano.
Ich kann nicht Klavier spielen.

Can you sing?
Kannst du singen?

Wie bei allen Hilfsverben werden Verneinung und Frage **ohne *do/does/did*** gebildet.

Kurzformen ▶ vordere Umschlagklappe

d It's nice to be able to sit in the sun. (infinitive)
Es ist schön, in der Sonne sitzen zu können.

Mr Delany hates having to get up early. (*-ing* form)
Herr Delany hasst es, früh aufstehen zu müssen.

I haven't been able to find Jenny. (present perfect)
Ich habe Jenny nicht finden können.

I hope we'll be allowed to leave early. (*will*-future)
Hoffentlich dürfen wir früh gehen.

Modale Hilfsverben haben keinen Infinitiv, keine *-ing*-Form und kein Partizip Perfekt. Sie können daher nicht alle Zeitformen bilden.

Zu bestimmten modalen Hilfsverben gibt es aber **Ersatzformen** mit ähnlicher Bedeutung. Von diesen Ersatzformen kann man den Infinitiv, die *-ing*-Form, das Partizip Perfekt und alle Zeitformen bilden.

e That must be Tom. I know his voice.
Das muss Tom sein. Ich kenne seine Stimme.

Could you babysit for us next weekend?
Könntest du am nächsten Wochenende für uns babysitten?

Modale Hilfsverben beziehen sich gewöhnlich auf die **Gegenwart** *(that must be Tom)* oder die **Zukunft** *(could you babysit for us next weekend?)*.

Anmerkung

Jim isn't answering the phone. He **may have gone** out.
Jim geht nicht ans Telefon. Vielleicht ist er weggegangen.

Sarah **could have gone** to university, but she didn't want to.
Sarah hätte studieren können, aber sie wollte nicht.

Modale Hilfsverben, auf die *have* + Partizip Perfekt folgt, beziehen sich auf die Vergangenheit. Sie drücken aus, was möglicherweise geschehen ist oder was hätte geschehen können, sollen, müssen usw.
▶ 33 Anm., 36 Anm., 40 Anm.

Modale Hilfsverben:
- *mit Infinitiv ohne „to"*
- *kein „-s" bei „he", „she", „it"*
- *Verneinung und Frage ohne „do/does/did"*

32–40 *Was modale Hilfsverben ausdrücken* *What modal auxiliaries express*

32 *Übersicht*

a You can have my pen. But you must give it back.
Du kannst/darfst meinen Stift haben. Aber du musst ihn mir wiedergeben.

You should ask Ben. He can help you.
Du solltest Ben fragen. Er kann dir helfen.

Modale Hilfsverben drücken aus, dass etwas sein oder geschehen **kann**, **muss**, **darf** oder **soll**. ▶ 33–39

b Jane has gone to bed.
She must be tired. Or she may be ill.
Sie muss müde sein. Oder vielleicht ist sie krank.
(= Es ist sehr wahrscheinlich, dass sie müde ist.
Oder es ist möglich, dass sie krank ist.)

Modale Hilfsverben drücken aus, **wie wahrscheinlich** etwas ist. ▶ 40

33 *Fähigkeit:* can, could; be able to

	positive	negative
present tense	can am/are/is able to	cannot (can't) am/are/is not able to
past tense	could was/were able to	could not was/were not able to
present perfect	have/has been able to	have/has not been able to
will-future	will be able to	will not (won't) be able to

Kurzformen ► vordere Umschlagklappe

a Most teenagers can use a computer. /
Most teenagers are able to use a computer.
Die meisten Jugendlichen können mit einem Computer umgehen.

Im ***present tense*** werden *can* oder *am/are/is able to* verwendet. *Can* ist gebräuchlicher.

b I could ride a horse when I was ten. /
I was able to ride a horse when I was ten.
Ich konnte mit zehn Jahren reiten.

Im ***past tense*** können *could* oder *was/were able to* verwendet werden.

Could you speak French perfectly after your year in Paris?
– No, I couldn't speak it perfectly.
Konntest du nach deinem Jahr in Paris perfekt Französisch sprechen? – Nein, perfekt konnte ich es nicht sprechen.

Could wird vor allem in Fragen und verneinten Sätzen verwendet.

c I could stay now or come back tomorrow.
Ich könnte jetzt noch bleiben oder morgen wiederkommen.

Could in der Bedeutung „könnte" bezieht sich auf die Gegenwart oder Zukunft.

d Have you been able to sleep since the accident?
Hast du seit dem Unfall schlafen können?

I'll be able to buy some CDs with this money.
Ich werde mir von diesem Geld ein paar CDs kaufen können.

Die **zusammengesetzten Zeitformen**, z.B. *present perfect* (► 63) oder *will-future* (► 76), müssen mit *be able to* gebildet werden.

Anmerkung

You **could have told** me last week.
Du hättest es mir schon letzte Woche sagen können. (Aber du hast es nicht getan.)

You **couldn't have done** anything.
Du hättest nichts tun können. (Auch wenn du es versucht hättest.)

Mit *could* + *have* + Partizip Perfekt drückt man aus, was jemand in der Vergangenheit hätte tun oder nicht tun können.

können:
- *present tense: „can"*
- *past tense: „could" – „was/were able to"*
- *andere Zeitformen: mit „be able to"*

34 *Erlaubnis und Verbot:* can, may, could; must not; be allowed to

	positive	negative
present tense	can, may am/are/is allowed to	cannot (can't), must not am/are/is not allowed to
past tense	could was/were allowed to	could not was/were not allowed to
present perfect	have/has been allowed to	have/has not been allowed to
will-future	will be allowed to	will not (won't) be allowed to

Kurzformen ▶ vordere Umschlagklappe

a You can use my camera.
Sie können/dürfen meine Kamera benutzen.

Sorry, you aren't allowed to smoke on the plane.
Sie können/dürfen im Flugzeug leider nicht rauchen.

Im ***present tense*** werden *can* oder *am/are/is allowed to* verwendet.

You mustn't feed the animals.
Du darfst die Tiere nicht füttern.

Für ein ausdrückliches Verbot wird die Verneinung *mustn't* ['mʌsnt] verwendet.

b Can/Could/May I leave earlier today, please?
– Yes, of course.
Kann/Könnte/Dürfte ich heute bitte früher gehen?
– Ja, natürlich.

Für Bitten um Erlaubnis kann man *can I/we …?*, *could I/we …?* oder *may I/we …?* verwenden.
May I/we …? ist besonders höflich.

c Julie was allowed to go home, because she felt ill.
Julie durfte nach Hause gehen, weil sie sich krank fühlte.

Im ***past tense*** werden *was/were allowed to* oder *could* verwendet.

When I was twelve, I couldn't watch TV after 9 pm.
Mit zwölf durfte ich nicht nach 21 Uhr fernsehen.

Could wird vor allem in Fragen und verneinten Sätzen verwendet.

d I've always been allowed to go to parties.
Ich habe schon immer auf Partys gehen dürfen.

My sister is sixteen. She'll be allowed to drive a car soon.
Meine Schwester ist sechzehn. Sie darf bald Auto fahren.

Die **zusammengesetzten Zeitformen**, z.B. *present perfect* (▶ 63) oder *will-future* (▶ 76), müssen mit *be allowed to* gebildet werden.

dürfen:
- *present tense: „can" – „may" – „am/are/is allowed to"; „mustn't" (nicht dürfen)*
- *past tense: „was/were allowed to" – „could"*
- *andere Zeitformen: mit „be allowed to"*

35 *Notwendigkeit oder Zwang:* must; need not; have to

	positive	negative
present tense	must have/has to	need not do/does not have to
past tense	had to	did not have to
present perfect	have/has had to	have/has not had to
will-future	will have to	will not (won't) have to

Kurzformen ► vordere Umschlagklappe

a I must phone Tim. He has to come home at once.
Ich muss Tim anrufen. Er muss sofort nach Hause kommen.

Im ***present tense*** werden *must* oder *have to* verwendet. *Have to* gebraucht man häufiger.

We needn't hurry – we're early.
Wir müssen uns nicht beeilen/brauchen uns nicht (zu) beeilen – wir sind früh dran.

Die Verneinung von *must* lautet *needn't* („nicht müssen", „nicht brauchen").

We don't have to hurry – we're early.
Wir müssen uns nicht beeilen/brauchen uns nicht (zu) beeilen – wir sind früh dran.

Verneinung und Frage von *have to* werden mit *do/does* gebildet.

!

You needn't tell Dan about the party. He knows.
Du musst Dan nichts von der Party sagen. Er weiß Bescheid.

You mustn't tell Dan about the party. It's a surprise.
Du darfst Dan nichts von der Party sagen. Es ist eine Überraschung.

Needn't („nicht müssen", „nicht brauchen") darf nicht mit ***mustn't*** („nicht dürfen") verwechselt werden.

b I had to tell my father about the accident.
Ich musste meinem Vater von dem Unfall erzählen.

Das ***past tense*** von *must* und *have to* lautet *had to*.

Why did you have to tell him?
Warum musstest du ihm davon erzählen?

Verneinung und Frage im *past tense* werden mit *did* gebildet.

c We've never had to play against such a good team.
Wir haben noch nie gegen so eine gute Mannschaft spielen müssen.

We'll have to train hard next week.
Wir müssen nächste Woche hart trainieren.

Die **zusammengesetzten Zeitformen**, z.B. *present perfect* (► 63) oder *will-future* (► 76), müssen mit *have to* gebildet werden.

müssen:
- *present tense: „must" – „have to"; „needn't" (nicht müssen)*
- *past tense: „had to"*
- *andere Zeitformen: mit „have to"*

36 *Verpflichtungen, Anweisungen, Ratschläge:* should, ought to

If you make a promise, you should keep it.
Wenn du ein Versprechen gibst, solltest du es auch halten.

You shouldn't sit at the computer for hours and hours.
Du solltest nicht stundenlang am Computer sitzen.

You ought to take a bus. It's too far to walk.
Sie sollten mit dem Bus fahren. Es ist zu weit zum Laufen.

Should und *ought to* werden verwendet, um eine Verpflichtung auszudrücken oder um einen Rat zu geben.

Anmerkung

You **shouldn't have eaten** so much.
Du hättest nicht so viel essen sollen.

Mit *should/ought to* + *have* + Partizip Perfekt drückt man aus, was jemand in der Vergangenheit hätte tun oder nicht tun sollen.

Ratschläge mit *had better* ▶ 100

37 *Bitten und Aufforderungen:* can/could you ...?, would you ...?

Can/Could you turn the music down, please?
Kannst/Könntest du bitte die Musik leiser stellen?

Would you help me to download these pictures?
Würden Sie mir helfen, diese Bilder herunterzuladen?

Can/Could/Would you ...? werden verwendet, um eine Bitte oder eine Aufforderung auszudrücken. *Could you ...?* und *would you ...?* sind höflicher als *can you ...?*.

38 *Angebote und Einladungen:* can/could/shall I ...?, would you like ...?

Can/Could/Shall I help you?
Kann/Könnte/Soll ich Ihnen helfen?

Would you like some more cake?
Möchten Sie noch etwas Kuchen?

Would you like to go to Scotland with us?
Möchtest du mit uns nach Schottland fahren?

Can/Could/Shall I ...? oder *would you like ...?* werden verwendet, um etwas anzubieten. *Could I ...?* ist höflicher als *can I ...?*.

Would you like to ...? verwendet man oft, um jemand einzuladen, etwas zu tun.

Spontane Angebote mit *will* ▶ 77 b

39 *Vorschläge:* shall we ...?, can't/couldn't ...?, can, could

Shall we buy a DVD player?
Sollen wir einen DVD-Player kaufen?

Can't/Couldn't we meet you at the cinema?
Können/Könnten wir uns nicht mit euch am Kino treffen?

You can/could watch TV while I'm away.
Du kannst/könntest fernsehen, während ich weg bin.

Shall we ...?, can't/couldn't ...? sowie Aussagesätze mit *can/could* werden verwendet, um einen Vorschlag zu machen.

Vorschläge mit *let's* ▶ 11 c
Vorschläge mit *why not ...?* ▶ 100

40 *Wahrscheinlichkeit, Möglichkeit:* must, cannot (can't); should, ought to, will; could, may, might

Mit bestimmten modalen Hilfsverben kann man ausdrücken,

- dass man etwas für **sicher** hält *(must, cannot/can't),*

The lights are on. Craig must be at home.
Das Licht ist an. Craig muss zu Hause sein.

This can't be the right house number.
Das kann nicht die richtige Hausnummer sein.

- dass man etwas für ziemlich **wahrscheinlich** hält *(should, ought to, will),*

Kathy should be/ought to be in the office by now.
Kathy müsste/dürfte jetzt eigentlich im Büro sein.

Most of you will know what I mean.
Die meisten von euch werden wissen, was ich meine.

- dass man etwas für **möglich** hält *(could, may, might).*

In a situation like this, anything could happen.
In so einer Situation kann/könnte alles Mögliche passieren.

Steve hasn't phoned. He may still be in bed.
Steve hat nicht angerufen. Vielleicht ist er noch im Bett.

It's cold. It might even snow.
Es ist kalt. Es könnte sogar schneien.

Anmerkung

Mit einem modalen Hilfsverb + *have* + Partizip Perfekt drückt der Sprecher aus, was in der Vergangenheit sicher, wahrscheinlich oder möglicherweise geschehen ist oder nicht geschehen ist.

I sent the letter yesterday. It **can't have arrived** today.
Ich habe den Brief gestern abgeschickt. Er kann heute noch nicht angekommen sein.

Laura is late. – She **may have met** friends.
Laura ist spät dran. – Vielleicht hat sie Freunde getroffen.

'Actually, your glasses may take longer than an hour.'

actually [ˈæktʃuəli] ähm, also *(Füllwort)*
glasses Brille

41–43 be, have, do *als Hilfsverben* be, have, do *used as auxiliaries*

Be, *have* und *do* haben unter den Verben eine Sonderstellung. Sie können sowohl Hilfsverben als auch Vollverben (▶ 51) sein. Als Hilfsverben dienen sie zur Bildung bestimmter Zeitformen des Vollverbs.

41 be *als Hilfsverb*

Mike is writing the last lines of his new song.
Mike schreibt gerade die letzten Zeilen für seinen neuen Song.

My snowboard was made in Austria, not in Korea.
Mein Snowboard wurde in Österreich hergestellt, nicht in Korea.

- **Verlaufsform:** Form von *be* + *-ing*-Form ▶ 55, 57 a
- **Passiv:** Form von *be* + Partizip Perfekt ▶ 56, 86

42 have *als Hilfsverb*

Cory has just phoned.
Cory hat gerade angerufen.

I was too late. The last bus had just left.
Ich war zu spät dran. Der letzte Bus war gerade abgefahren.

The train will have left when we get to the station.
Der Zug wird abgefahren sein, wenn wir am Bahnhof sind.

- ***present perfect:*** *have/has* + Partizip Perfekt ▶ 56, 63
- ***past perfect:*** *had* + Partizip Perfekt ▶ 56, 73
- ***future perfect:*** *will have* + Partizip Perfekt ▶ 56, 82

43 do *als Hilfsverb*

Does Becky work in a supermarket? – No, she doesn't.
Arbeitet Becky in einem Supermarkt? – Nein.

Helen didn't forget your birthday, did she?
Helen hat doch nicht etwa deinen Geburtstag vergessen, oder?

Don't go there.
Geh nicht dorthin!

- **Frage, Verneinung und Kurzantworten** im *simple present* und im *simple past* ▶ 4 b, 5 b, 7 a, 9
- **Verneinung des Imperativs** ▶ 11 b

'When did you last feed that goldfish?'

44–45 be *als Vollverb* be *used as a full verb*

44 *Formen*

infinitive	simple present	simple past	past participle	*-ing* form
be	I am he/she/it is we/you/they are	I/he/she/it was we/you/they were	been	being

Is Megan well again? – No, she isn't.
Ist Megan wieder gesund? – Nein.

She wasn't at school yesterday or today.
Sie war gestern und heute nicht in der Schule.

In Fragen und verneinten Sätzen mit *be* wird *do/does/did* **nicht** verwendet.

Don't be sad.
Sei(d) nicht traurig!

Der verneinte Imperativ lautet aber *Don't be …* ▶ 11 b

Kurzformen ▶ vordere Umschlagklappe

45 *Gebrauch*

a Mrs MacPhail is our teacher. She is great.
Frau MacPhail ist unsere Lehrerin. Sie ist toll.

She is from Glasgow.
Sie kommt aus Glasgow.

Das Vollverb *be* steht zusammen mit einer **Ergänzung**:
- mit einem Nomen *(our teacher)*,
- mit einem Adjektiv *(great)*, ▶ 172
- mit einer adverbialen Bestimmung *(from Glasgow)*.

b There's a dog in the garden.
Es ist ein Hund im Garten. / Im Garten ist ein Hund.

There are a lot of animals in Africa.
Es gibt viele Tiere in Afrika.

Will there be anything to eat at the party?
Gibt es auf der Party etwas zu essen?

Mit ***there* + Form von *be*** drückt man aus, dass etwas vorhanden ist (deutsch: „es ist", „es sind"; „es gibt"). Nach *there* steht die Singularform oder die Pluralform von *be*: *there's a dog* (Singular), *there are a lot of animals* (Plural).

'Is there any way of keeping the light on when you're inside?'

showroom Ausstellungsraum
keep the light on das Licht eingeschaltet lassen

46–48 have *als Vollverb* have *used as a full verb*

46 *Formen*

infinitive	simple present	simple past	past participle	*-ing* form
have	I/you/we/they have (got) he/she/it has (got)	had	had	having

a Does Emily have a cat? – No, she doesn't (have a cat).
Hat Emily eine Katze? – Nein.

I didn't have breakfast this morning.
Ich habe heute Morgen nicht gefrühstückt.

Fragen und verneinte Sätze mit dem **Vollverb *have*** werden im *simple present* mit ***do/does*** und im *simple past* mit ***did*** gebildet, also wie bei anderen Vollverben. ▶ 4b, 5b, 6

b Has Emily got a cat? – No, she hasn't (got a cat).
Hat Emily eine Katze? – Nein.

Statt *have* wird im *simple present* häufig die Form ***have got*** verwendet. Fragen und verneinte Sätze mit *have got* werden **ohne *do/does*** gebildet, also wie bei Hilfsverben.

Amerikanisches Englisch ▶ 203

47 *Gebrauch 1:* have (got) *als Zustandsverb*

Our friends have (got) a new house.
Unsere Freunde haben ein neues Haus.

I had a terrible cold last week.
Ich hatte letzte Woche einen fürchterlichen Schnupfen.

In der Bedeutung „haben", „besitzen" ist *have (got)* Zustandsverb (▶ 57e). Es wird deshalb nicht in der Verlaufsform verwendet.

48 *Gebrauch 2:* have *als Tätigkeitsverb*

I have a shower every morning.
Ich dusche jeden Morgen.

We don't often have lunch in town.
Wir essen nicht oft in der Stadt (zu) Mittag.

We're just having a picnic.
Wir machen gerade ein Picknick.

Come on. Let's have some fun.
Komm! Lass uns ein bisschen Spaß haben.

Did Sue have a good time in Spain?
Hat es Sue in Spanien gut gefallen?

Have a look at my new mobile.
Schau dir mal mein neues Handy an!

In Wendungen wie *have a bath, have breakfast* usw. ist *have* Tätigkeitsverb (▶ 57d). Als Tätigkeitsverb kann *have* in der einfachen Form und in der Verlaufsform verwendet werden.

Häufige Wendungen mit *have*:

have a bath	baden, ein Bad nehmen
have a shower	(sich) duschen
have breakfast	frühstücken
have lunch/dinner	(zu) Mittag/Abendbrot essen
have a drink	etwas trinken
have a picnic	ein Picknick machen
have fun	sich vergnügen
have a good time	viel Spaß haben
have a party	eine Party geben/feiern
have a look (at)	einen Blick werfen (auf)

have to („müssen") ▶ 35
have sth. done („etwas machen lassen") ▶ 117

49–50 do *als Vollverb* do *used as a full verb*

49 *Formen*

infinitive	simple present	simple past	past participle	-*ing* form
do	I/you/we/they do he/she/it does [dʌz]	did	done	doing

What do you do at the weekends?
Was machst du so an Wochenenden?

Frank doesn't do much work.
Frank arbeitet nicht viel.

What did Sally do with my guitar?
– She didn't do anything.
Was hat Sally mit meiner Gitarre gemacht?
– Gar nichts hat sie damit gemacht.

Fragen und verneinte Sätze mit dem **Vollverb *do*** werden im *simple present* und *simple past* mit einer Form des **Hilfsverbs *do*** gebildet, also wie bei anderen Vollverben. ► 4 b, 5 b, 6

50 *Gebrauch*

Chris is doing his best to get on a TV game show.
Chris bemüht sich in eine Fernseh-Gameshow zu kommen.

We're doing well with our website. It looks good.
Wir kommen mit unserer Website gut voran. Sie sieht gut aus.

Who did the dishes? They're not clean.
Wer hat das Geschirr abgewaschen? Es ist nicht sauber.

Has Katie done the shopping?
Hat Katie eingekauft?

'Do you think you could do that later, Mr Jones?'
(Welches *do* in diesem Satz ist das Vollverb?)

Do ist in der Bedeutung „machen", „tun", „ausführen", „erledigen" ein Vollverb.
Es kann wie jedes **Tätigkeitsverb** (► 57 d) in der einfachen Form und in der Verlaufsform verwendet werden.

Häufige Wendungen mit *do*:

do one's best	sein Bestes geben
do business (with)	Geschäfte machen (mit)
do well	vorankommen; gute Leistungen bringen
do badly	nicht vorankommen; schlechte Leistungen bringen
do damage [ˈdæmɪdʒ]	Schaden anrichten
do sport(s)	Sport treiben, Sport machen
do one's hair	sich die Haare (zurecht)machen, sich frisieren
do one's homework	(die) Hausaufgaben machen
do an exercise	eine Übung machen
do a test	einen Test machen/schreiben
do the dishes/ the washing-up	(das Geschirr) abwaschen, spülen
do the housework	die Haus(halts)arbeit machen
do the shopping	einkaufen, Einkäufe machen
do a job	eine Arbeit/Aufgabe erledigen
do (some) work	(eine) Arbeit erledigen, etwas arbeiten
do sb. a favour	jemand einen Gefallen tun
do sb. a service	jemand einen Dienst erweisen

KAPITEL

5 Die Zeitformen der Vollverben
The tenses of the full verbs

51 *Was ist ein Vollverb?* What is a full verb?

Jerry writes songs.
Jerry schreibt Songs.

I went on a school trip last year.
Ich habe letztes Jahr eine Klassenreise gemacht.

Have you ever eaten English bread?
Hast du schon mal englisches Brot gegessen?

Die meisten Verben sind Vollverben.
Als Vollverben werden sie bezeichnet, weil sie im Gegensatz zu Hilfsverben **allein** (d.h. ohne ein weiteres Verb) **im Satz** stehen können.

Sie können aber auch zusammen mit einem Hilfsverb (z.B. *have, do, can*) gebraucht werden.

52–56 *Formen* Forms

52 Übersicht

Von jedem englischen Vollverb gibt es fünf Formen:

ask, carry, go, see	• **Infinitiv** *(infinitive),* ▶ 53
asks, carries, goes, sees	• **-*s*-Form** (-s *form)* der 3. Person Singular des *simple present,* ▶ 54
asking, carrying, going, seeing	• ***-ing*-Form** (-ing *form),* ▶ 55
asked, carried, went, saw	• ***simple past*-Form** *(simple past form),* ▶ 56
asked, carried, gone, seen	• **Partizip Perfekt** *(past participle).* ▶ 56

53 *Der Infinitiv*

stop, talk, go

Der Infinitiv ist die **Grundform** des Verbs.

Go home. (imperative)
I go to a dance class every Monday. (simple present)

Der Imperativ und das *simple present* (außer nach *he, she, it*) haben dieselbe Form wie der Infinitiv.

54 *Die -s-Form der 3. Person Singular des* simple present

a

infinitive	3rd person singular	
forget	he forgets	
know	she knows	
work	it works	

In der 3. Person Singular (also nach *he, she, it, Ben, my bike* usw.) wird im *simple present* ein **-s** an das Verb gehängt.

read [-d]	she reads	[-z]
leave [-v]	she leaves	[-z]
come [-m]	she comes	[-z]
tell [-l]	she tells	[-z]
show [-əʊ]	she shows	[-z]
see [-iː]	she sees	[-z]

Nach einem stimmhaften (weichen) Laut spricht man das -s „gesummt“: [-z].

sleep [-p]	she sleeps	[-s]
eat [-t]	she eats	[-s]
take [-k]	she takes	[-s]
laugh [-f]	she laughs	[-s]

Nach den stimmlosen (harten) Lauten [-p], [-t], [-k], [-f] spricht man das -s „scharf“: [-s].

b

infinitive	3rd person singular	
kiss [-s]	he kisses	[-ɪz]
mix [-ks]	he mixes	[-ɪz]
finish [-ʃ]	he finishes	[-ɪz]
watch [-tʃ]	he watches	[-ɪz]
dance [-s]	he dances	[-ɪz]
lose [-z]	he loses	[-ɪz]

Nach den **Zischlauten** [-s], [-z], [-ʃ], [-tʃ], [-dʒ] hängt man ***-es*** [-ɪz] an.

Aber wenn der Infinitiv auf *-e* endet, hängt man nur ein *-s* an.

c

infinitive	3rd person singular
tidy	he tidies
hurry	he hurries

Bei Verben, die auf einen Konsonanten + *y* enden, schreibt man ***-ies***.
Aber *-y* nach Vokal bleibt *-y*: *plays, enjoys, buys*.

⚠ !

go [gəʊ]	he goes [gəʊz]
do [duː]	he does [dʌz]
say [seɪ]	he says [sez]

Merke dir die Schreibung und Aussprache von *goes, does* und *says*.

Plural-s der Nomen ► 129

55 *Die -ing-Form*

a

infinitive	*-ing* form
drink	drinking
go	going

Die *-ing*-Form bildet man aus dem **Infinitiv + *-ing***.

b

infinitive	*-ing* form
stop	stopping
rob	robbing
sit	sitting
jog	jogging
plan	planning
control	controlling
prefer	preferring

Nach einem einzelnen, betonten Vokal wird ein einzelner **Endkonsonant** *(-p, -b, -t, -d, -g, -m, -n, -l, -r)* **verdoppelt**.

Aber ohne Verdopplung:
shouting (zwei Vokale: *o* + *u*),
visiting (der Vokal *i* vor dem *t* ist unbetont),
opening (der Vokal *e* vor dem *n* ist unbetont),
offering (der Vokal *e* vor dem *r* ist unbetont),
jumping (zwei Konsonanten: *m* + *p*).

c

infinitive	*-ing* form
smoke	smoking
phone	phoning
cycle	cycling

Ein ***-e*** am Ende des Infinitivs **fällt weg**, wenn man *-ing* anhängt.
(Aber Doppel-*e* bleibt vor *-ing*: *seeing*, *agreeing*.)

!

die	dying
lie	lying
tie	tying

NO-MAN'S-LAND

no kissing/cycling/... Küssen/Radfahren/... verboten *busk* Straßenmusik machen *litter* Abfall wegwerfen *duck* Ente

56 *Die* simple past-*Form und das Partizip Perfekt der regelmäßigen Verben*

a

infinitive	simple past	past participle
call	called	called
push	pushed	pushed
smoke	smoked	smoked
drink	drank	drunk
take	took	taken

Die *simple past*-Form und das Partizip Perfekt werden bei regelmäßigen und bei unregelmäßigen Verben unterschiedlich gebildet:

- Bei den **regelmäßigen Verben** hängt man ***-ed*** an den Infinitiv.
  Wenn der Infinitiv auf *-e* endet, hängt man nur ein *-d* an.
- Die **unregelmäßigen Verben** haben besondere Formen, die man lernen muss.
  ▶ hintere Umschlagklappe

b

infinitive	*-ed* form	
live [-v]	lived	[-d]
seem [-m]	seemed	[-d]
play [-eɪ]	played	[-d]
allow [-aʊ]	allowed	[-d]
help [-p]	helped	[-t]
talk [-k]	talked	[-t]
laugh [-f]	laughed	[-t]
dance [-s]	danced	[-t]
push [-ʃ]	pushed	[-t]
watch [-tʃ]	watched	[-t]
need [-d]	needed	[-ɪd]
want [-t]	wanted	[-ɪd]

Nach stimmhaften (weichen) Auslauten spricht man die *-ed*-Endung „weich" aus: [-d].

Nach den stimmlosen (harten) Auslauten [-p], [-k], [-f], [-s], [-ʃ], [-tʃ] spricht man die *-ed*-Endung „hart" aus: [-t].

Nach [-d] und [-t] spricht man die *-ed*-Endung folgendermaßen aus: [-ɪd].

c

infinitive	*-ed* form
tidy	tidied
hurry	hurried

Bei Verben, die auf einen Konsonanten + *y* enden, schreibt man ***-ied***.
(Aber *-y* nach Vokal bleibt *-y*: *played, enjoyed.*)

d

infinitive	*-ed* form
stop	stopped
rob	robbed
fit	fitted
jog	jogged
plan	planned
control	controlled
prefer	preferred

Nach einem einzelnen, betonten Vokal wird ein einzelner **Endkonsonant** *(-p, -b, -t, -d, -g, -m,-n, -l, -r)* **verdoppelt**.

Aber ohne Verdopplung (▶ 55b):
shouted, visited, opened, offered, jumped.

57 *Die einfache Form und die Verlaufsform*
The simple form and the progressive form

a

tense	simple form	progressive form
present tense	ask(s)	am/is/are asking
past tense	asked	was/were asking
present perfect	have/has asked	have/has been asking

Anders als im Deutschen gibt es im Englischen für alle Zeiten *(tenses)* des Verbs eine einfache Form *(simple form)* und eine Verlaufsform *(progressive form)*.

b

Chloe plays squash.
(Squash ist Chloes Hobby.)

Yesterday we drove from Chester to London and back.
(Die Autofahrt fand gestern statt und ist abgeschlossen.)

I've had this poster for years.
(Ein Poster zu haben ist keine Tätigkeit, sondern ein Zustand.)

Die **einfache Form**

- drückt aus, dass eine **Handlung immer wieder** geschieht,
- drückt aus, dass eine **Handlung abgeschlossen** ist,
- beschreibt einen **Zustand**.

Jedes Vollverb kann in der einfachen Form verwendet werden.

c

Chloe is playing squash now.
(Chloe ist gerade dabei, Squash zu spielen.)

At six o'clock we were still driving.
(Die Autofahrt war um sechs Uhr noch nicht abgeschlossen.)

Die **Verlaufsform** drückt aus, dass eine **Handlung** gerade **im Verlauf** ist oder war. Die Handlung ist (oder war) also noch **nicht abgeschlossen**.

In der Verlaufsform kann ein Verb nur verwendet werden, wenn es eine Tätigkeit bezeichnet.

d

simple form	progressive form
Hayley goes to karate classes. *Hayley hat Karate-Unterricht.*	She's going to her karate class now. *Sie geht jetzt zum Karate-Unterricht.*
I often write e-mails. *Ich schreibe oft E-Mails.*	I'm just writing one to Tim. *Ich schreibe gerade eine an Tim.*
It always rains on my birthday. *An meinem Geburtstag regnet es immer.*	It's my birthday today – and it's raining. *Ich habe heute Geburtstag – und es regnet.*

Go, *write* und *rain* gehören zu den Verben, die sowohl in der einfachen Form als auch in der Verlaufsform verwendet werden können. Sie bezeichnen Tätigkeiten *(go, write)* oder Vorgänge *(rain)*. Solche Verben nennt man **Tätigkeitsverben**.

e

What does 'http' mean?
Was bedeutet „http"?

I believe you.
Ich glaube dir.

Did you like your grandfather?
Hast du deinen Großvater gemocht?

Bestimmte Verben bezeichnen keine Tätigkeiten oder Vorgänge, sondern Zustände. Daher werden sie **nur in der einfachen Form** verwendet. Solche Verben nennt man **Zustandsverben**.

Zu den Zustandsverben rechnet man:

- Verben, die **Zustände**, **Eigenschaften**, **Besitz** oder **Zugehörigkeit** ausdrücken:

be	sein	*look*	aussehen	*smell*	riechen, stinken
belong to	gehören	*mean*	bedeuten	*sound*	klingen, sich anhören
cost	kosten	*need*	brauchen	*taste*	schmecken
have (got)	haben, besitzen ► 47	*seem*	(zu sein) scheinen		

- Verben des **Meinens**, **Wissens** und **Vermutens**:

agree	zustimmen	*realize*	einsehen, merken	*think*	meinen, glauben
believe	glauben	*recognize*	erkennen	*understand*	verstehen, begreifen
disagree	nicht zustimmen	*remember*	sich erinnern (an)	*wonder* ['wʌndə]	sich fragen, überlegen
imagine	sich (etwas) vorstellen	*see*	verstehen, einsehen		
know	wissen, kennen	*suppose*	annehmen, vermuten		

- Verben des **Mögens** und **Wollens**:

dislike	nicht mögen	*love*	lieben, sehr mögen	*want*	wollen, haben wollen
hate	hassen, gar nicht mögen	*mind*	etwas haben gegen	*wish*	wünschen
like	mögen, gern haben	*prefer*	lieber mögen, vorziehen		

- bestimmte Verben der **Wahrnehmung**:

hear	hören	*notice*	bemerken	*smell*	riechen (können)
feel	(etwas) fühlen, spüren	*see*	sehen		

Anmerkungen

1 Peter **is having** lunch.
Peter isst gerade (zu) Mittag.

What **are** you **thinking** about?
Worüber denkst du gerade nach?

I'**m** just **looking**.
Ich schaue mich nur um.

Tom **is seeing** Amy tomorrow.
Tom besucht morgen Amy.

Einige der hier genannten Verben können – mit anderer Bedeutung – als Tätigkeitsverben in der Verlaufsform verwendet werden.

2 I **can see** the house now. It's not much further.
Ich sehe das Haus jetzt. / Ich kann das Haus jetzt sehen. Es ist nicht mehr weit.

Die Verben *hear*, *feel* und *see* werden oft mit *can* gebraucht.

- *wiederholte Handlungen*
- *abgeschlossene Handlungen*
- *Zustände*

} *einfache Form*

- *Handlungen im Verlauf*
- *nicht abgeschlossene Handlungen*

} *Verlaufsform*

58–59 *Simple present*

58 *Formen*

I write he/she/it writes we/you/they write	Das *simple present* hat dieselbe Form wie der Infinitiv. Nur nach *he, she, it* wird ein *-s* angehängt. ▶ 54
I do not / he/she/it does not / we/you/they do not | write	Im verneinten Satz steht *do not/does not* (Kurzformen: *don't/doesn't*) + Infinitiv. ▶ 4 b
do I / does he/she/it / do we/you/they | write?	Fragen werden mit *do/does* + Infinitiv gebildet. ▶ 5 b, 6

59 *Gebrauch*

a I often go to bed after midnight.
Ich gehe oft nach Mitternacht ins Bett.

We go camping every summer.
Wir zelten jeden Sommer.

Mit dem *simple present* drückt man aus, dass etwas **wiederholt** (normalerweise, regelmäßig, oft, immer) oder **nie** geschieht. Es steht häufig mit Zeitangaben wie *always, never, often, sometimes, usually* sowie *every summer, on Fridays* usw.

Herr Sauer teaches Russian. He speaks Russian well.
Herr Sauer unterrichtet Russisch. Er spricht gut Russisch.

Mit dem *simple present* kann man sagen, welches Hobby, welchen Beruf oder welche Fähigkeit jemand hat.

b The sun rises in the east.
Die Sonne geht im Osten auf.

Mit dem *simple present* beschreibt man **allgemeingültige Tatsachen**. Man sagt also, dass etwas immer so ist.

c Jane lives in Dover. She likes it there.
Jane wohnt in Dover. Es gefällt ihr dort.

Mit dem *simple present* beschreibt man (gegenwärtige) **Zustände**.

d What does the text say about the stranger?
Was steht in dem Text über den Fremden?

Mit dem *simple present* spricht man über den Inhalt von Texten, Filmen usw.

e First Debbie tries on the dress. Then she buys it.
Zuerst probiert Debbie das Kleid an. Dann kauft sie es.

Mit dem *simple present* beschreibt man aufeinanderfolgende Handlungen.

Simple present für Zukünftiges ▶ 81
Simple present in Nebensätzen der Bedingung ▶ 22

Simple present:
- *wenn etwas wiederholt oder nie geschieht*
- *wenn etwas immer so ist*
- *wenn man (gegenwärtige) Zustände beschreibt*

60–61 *Present progressive*

60 *Formen*

I am he/she/it is we/you/they are	writing
I am not he/she/it is not we/you/they are not	writing
am I is he/she/it are we/you/they	writing?

Das *present progressive* wird mit *am/is/are* + *-ing*-Form (▶ 55) gebildet.

Langformen und Kurzformen:

am	=	*'m*	*am not*	=	*'m not*
is	=	*'s*	*is not*	=	*isn't*
are	=	*'re*	*are not*	=	*aren't*

61 *Gebrauch*

Liz is washing her hair (at the moment).
Liz wäscht sich (gerade) die Haare.

I'm just downloading some games. Wait a minute.
Ich lade gerade ein paar Spiele herunter. Moment!

Anne is still deciding what to wear.
Anne überlegt immer noch, was sie anziehen soll.

Mit dem *present progressive* drückt man aus, dass jemand **jetzt/gerade/ im Augenblick** etwas tut oder dass gerade etwas geschieht.
Der Vorgang ist **im Verlauf** *(in progress)* und noch **nicht abgeschlossen**.
Häufige Zeitangaben sind *now, just, at the moment* („im Moment", „zurzeit"), *still* („immer noch"), *today*.

Anmerkung

Sally **is working** at a restaurant over the holidays.
Sally arbeitet jetzt in den Ferien in einem Restaurant.

Mit dem *present progressive* drückt man aus, dass etwas nur vorübergehend, also für einen begrenzten Zeitraum geschieht.

Present progressive für Zukünftiges ▶ 80
Keine Verlaufsform bei Zustandsverben ▶ 57 e

to have
to realize
to smell
to hate
to love
to be
to remember
to notice
to become
to see
to hear

Present progressive:
wenn etwas (jetzt) gerade
im Verlauf ist und
noch nicht abgeschlossen ist

62 *Simple present und present progressive im Vergleich*
Simple present and present progressive in contrast

simple present

Emma works as an illustrator.
Emma arbeitet als Illustratorin.

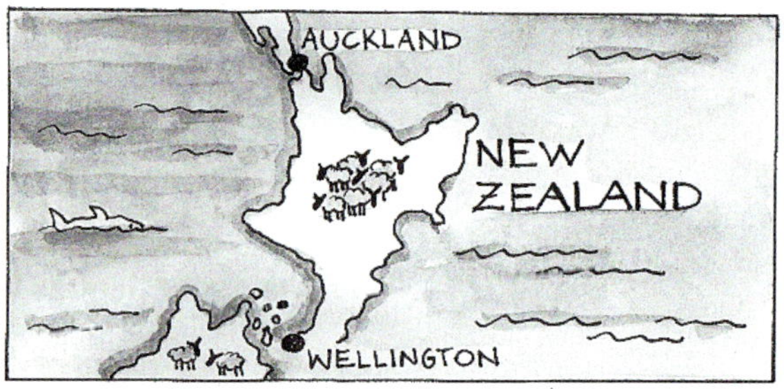

Auckland lies north of Wellington.
Auckland liegt nördlich von Wellington.

- Mit dem ***simple present*** drückt man aus, was **wiederholt** (gewohnheitsmäßig, oft, immer) oder **nie** geschieht.

  Typische Zeitangaben sind dabei *always, usually, often, sometimes, never, every day, on Mondays, at the weekends* usw.

- Mit dem ***simple present*** beschreibt man **allgemeingültige Tatsachen** und (andauernde) **Zustände**.

present progressive

Emma is working at her desk (now).
Emma arbeitet (jetzt gerade) an ihrem Schreibtisch.

The cat is still lying in its basket.
Die Katze liegt immer noch in ihrem Korb.

Mit dem ***present progressive*** drückt man aus, was **jetzt/gerade/im Augenblick** geschieht. Der Vorgang ist im Verlauf und noch **nicht abgeschlossen**.

Typische Zeitangaben sind dabei *now, just, at the moment, today, still.*

63–65 *Present perfect (simple form)*

63 *Formen*

I have he/she/it has we/you/they have	worked written
I have not he/she/it has not we/you/they have not	worked written
have I has he/she/it have we/you/they	worked? written?

Das *present perfect* wird mit *have/has* + Partizip Perfekt (▶ 56) gebildet.

Langformen und Kurzformen:

have = *'ve*   *have not* = *haven't*
has = *'s*   *has not* = *hasn't*

Unregelmäßige Verben ▶ hintere Umschlagklappe

!

The bus has stopped.
Der Bus hat angehalten.

The bus has arrived.
Der Bus ist angekommen.

Im Deutschen wird für das Perfekt „haben" oder „sein" verwendet.

64 *Gebrauch*

a My aunt has opened a pizza restaurant. We're going there tonight.
Meine Tante hat eine Pizzeria aufgemacht. Wir gehen heute Abend dorthin.

I've cut my finger. It hurts.
Ich habe mir in den Finger geschnitten. Es tut weh.

Have you ever slept under the stars?
Hast du schon mal unterm Sternenhimmel geschlafen?

Tim's band has sold 40 CDs so far.
Tims Band hat bis jetzt 40 CDs verkauft.

Mit dem *present perfect* drückt man aus, dass jemand etwas getan hat bzw. dass etwas geschehen ist.
Der **genaue Zeitpunkt** ist **unwichtig** (oder unbekannt) und wird **nicht genannt**. Wichtig sind dem Sprecher die Auswirkungen auf die Gegenwart oder die Zukunft bzw. das Ergebnis des Geschehens.
Häufige Zeitangaben sind *just, already, before* („vorher schon mal"), *ever* („jemals", „schon mal"), *never, often, so far* („bis jetzt"), *yet* („schon"), *not yet* („noch nicht").

Amerikanisches Englisch ▶ 202

b I've always wanted to go to Hawaii.
Ich habe schon immer nach Hawaii gehen wollen.

Diana has been in Australia since December.
Diana ist seit Dezember in Australien.

How long have you had that nickname?
Wie lange hast du diesen Spitznamen schon?

Mit dem *present perfect* drückt man aus, dass ein **Zustand in der Vergangenheit begonnen** hat und **jetzt noch andauert**.
Häufige Zeitangaben sind dabei *always, all my life* („mein Leben lang"), *all week* („die ganze Woche"), *since December, for two years*. Auch in Fragen mit *how long ...?* steht das *present perfect*.

65 since *und* for *mit dem present perfect*

Rachel has been in the boutique since two o'clock.
Rachel ist schon seit zwei Uhr in der Boutique.

- ***Since*** wird mit **Zeitpunkten** verbunden, die angeben, wann etwas begonnen hat, z.B.:

since ten o'clock	seit zehn Uhr
since Sunday	seit Sonntag
since August 4th	seit dem 4. August
since 1995	seit 1995
since my birthday	seit meinem Geburtstag

Rachel has been in the boutique for two hours.
Rachel ist schon seit zwei Stunden in der Boutique.

- ***For*** wird mit **Zeitspannen** verbunden, die angeben, wie lange etwas schon andauert, z.B.:

for three hours	seit drei Stunden, (schon) drei Stunden (lang)
for two days	seit zwei Tagen, (schon) zwei Tage (lang)
for a few years	seit ein paar Jahren, (schon) ein paar Jahre (lang)
for a long time	schon lange

!

Ich kenne Frau Green (schon) seit 1999.
nicht: I ~~know~~ Mrs Green since 1999
sondern: I have known Mrs Green since 1999.

Wir wohnen hier (schon) seit zwanzig Jahren.
nicht: We ~~live~~ here ~~since twenty years~~.
sondern: We have lived here for twenty years.

Im Deutschen steht „seit" oft mit dem **Präsens** (mit „schon"), wenn man sagen will, wie lange etwas schon andauert.

Present perfect:
- *wenn man sagen will, dass (nicht: wann!) etwas geschehen ist*
- *wenn man sagen will, seit wann oder wie lange ein Zustand schon andauert: „since" + Zeitpunkt; „for" + Zeitraum*

66–67 *Present perfect progressive*

66 *Formen*

I have been he/she/it has been we/you/they have been	writing
I have not been he/she/it has not been we/you/they have not been	writing
have I been has he/she/it been have we/you/they been	writing?

Das *present perfect progressive* wird mit *have/has been* + *-ing*-Form (▶ 55) gebildet.

Langformen und Kurzformen:
have = *'ve* *have not* = *haven't*
has = *'s* *has not* = *hasn't*

67 *Gebrauch*

I've been standing here for an hour.
Ich stehe hier seit einer Stunde.

Sandra has been yawning all morning.
Sandra gähnt schon den ganzen Morgen.

How long have you been playing the keyboard?
Wie lange spielst du schon Keyboard?

Mit dem *present perfect progressive* drückt man aus, dass eine **Handlung oder** ein **Vorgang in der Vergangenheit begonnen** hat und bis in die **Gegenwart andauert**, also noch nicht abgeschlossen ist.
Häufige Zeitangaben:
all day/night/morning („den ganzen Tag"/ „die ganze Nacht"/„den ganzen Morgen"), *since yesterday, for an hour* usw. sowie Fragen mit *how long …?*.

Keine Verlaufsform bei Zustandsverben ▶ 57 e

'I've been watching you for five minutes, Watson. Well done. One of the straightest paper clips I've ever seen.'

paper clip Büroklammer

68–69 *Simple past*

68 *Formen*

I / he/she/it / we/you/they | worked / wrote	Das *simple past* der regelmäßigen Verben bildet man, indem man *-ed* an den Infinitiv anhängt. ▶ 56 Die unregelmäßigen Verben haben eigene Formen. ▶ hintere Umschlagklappe
I did not / he/she/it did not / we/you/they did not | work / write	Im verneinten Satz steht *did not* (Kurzform: *didn't*) + Infinitiv. ▶ 4 b
did I / did he/she/it / did we/you/they | work? / write?	Fragen werden mit *did* + Infinitiv gebildet. ▶ 5 b, 6

69 *Gebrauch*

a Tina passed her driving test in 1998.
Tina hat 1998 ihren Führerschein gemacht. / Tina machte 1998 ihren Führerschein.

I was in Canada from 2001 to 2002.
Ich war von 2001 bis 2002 in Kanada. / Ich bin von 2001 bis 2002 in Kanada gewesen.

Did Jeff pay for the cinema tickets yesterday?
– No, he didn't. He forgot.
Hat Jeff gestern die Kinokarten bezahlt?
– Nein, er hat es vergessen.

Mit dem *simple past* drückt man aus, dass etwas zu einem **bestimmten Zeitpunkt der Vergangenheit** (Frage: wann?) oder in einem bestimmten **abgeschlossenen Zeitraum der Vergangenheit** geschehen ist.
Häufige Zeitangaben sind *yesterday, in 1998, on May 15th, last year/week, an hour ago* usw.

When did you last see Nicole?
Wann hast du Nicole zuletzt gesehen?

Auch in Fragen mit *when …?* steht das *simple past*, und nicht das *present perfect*.

⚠ !

Ich habe gestern meine Uhr verloren.
nicht: I ~~have lost~~ my watch yesterday.
sondern: I lost my watch yesterday.

Das deutsche **Perfekt** muss häufig mit dem ***simple past*** wiedergegeben werden.

b It was late. Penny turned off the TV and went upstairs. Suddenly she heard a noise – a strange, nervous cry …

Das *simple past* verwendet man in **Berichten** über vergangene Ereignisse oder in **Geschichten**.

Simple past im Bedingungssatz II ▶ 23
Simple past in der indirekten Rede ▶ 125 a–c
used to = „früher" ▶ 190

Simple past:
- *wenn man sagen will, wann etwas geschehen ist*
- *wenn man über Vergangenes berichtet oder eine Geschichte erzählt*

70 *Present perfect und simple past im Vergleich*
Present perfect and simple past in contrast

Sowohl mit dem *present perfect* als auch mit dem *simple past* kann man über Handlungen, Ereignisse oder Zustände in der Vergangenheit sprechen. Die beiden Zeitformen sind jedoch **nicht austauschbar**.

present perfect

I've bought some new jeans.
They look really good.

Ich habe mir neue Jeans gekauft.
Sie sehen wirklich gut aus.

Have you seen 'The Lord of the Rings' yet?
– No, I haven't.

Hast du schon „Der Herr der Ringe" gesehen?
– Nein.

My parents live in Toronto.
– Oh, really? How long have they lived there?
They've lived there for four years, I think.

Meine Eltern wohnen in Toronto.
– Ach ja? Wie lange wohnen sie denn schon dort?
Sie wohnen dort schon vier Jahre lang, glaube ich.

simple past

I bought my new jeans from that store
in Bridge Street last Monday.

Ich habe meine neuen Jeans letzten Montag
in dem Laden in der Bridge Street gekauft.

Did you see 'The Lord of the Rings' on TV
yesterday? – No, I didn't. I was out.

Hast du gestern im Fernsehen „Der Herr der Ringe"
gesehen? – Nein, ich war nicht zu Hause.

My uncle once lived in Toronto.
– Oh, really? When did he live there?
He lived there from 1993 to 1995, I think.

Mein Onkel hat früher in Toronto gewohnt.
– Ach ja? Wann hat er denn dort gewohnt?
Er hat dort von 1993 bis 1995 gewohnt, glaube ich.

- Mit dem ***present perfect*** sagt man, dass etwas (irgendwann) geschehen ist. Der genaue **Zeitpunkt** ist unwichtig (oder unbekannt) und wird daher **nicht genannt**. Oft ist das Geschehen für die Gegenwart von Bedeutung.

  Typische Zeitangaben mit dem *present perfect* sind: *already, before, ever, never, (not) yet.*

- Mit dem ***present perfect*** sagt man, dass ein Zustand in der **Vergangenheit begonnen** hat und jetzt **noch andauert**.

  Typische Zeitangaben mit dem *present perfect* sind: *always, all day, all week, all my life, since 2002, for four years* und *how long?*.

Mit dem ***simple past*** sagt man, was zu einem **bestimmten Zeitpunkt** der Vergangenheit *(last Monday, yesterday)* oder in einem **abgeschlossenen Zeitraum** *(from 1993 to 1995)* geschehen ist.

Typische Zeitangaben mit dem *simple past* sind: *yesterday, last night/week/Monday/…, in 1998, three days ago* und *when?*.

71–72 *Past progressive*

71 *Formen*

I was he/she/it was we/you/they were	writing
I was not he/she/it was not we/you/they were not	writing
was I was he/she/it were we/you/they	writing?

Das *past progressive* wird mit *was/were* + *-ing*-Form (▶ 55) gebildet.

Langformen und Kurzformen:
was not = *wasn't*
were not = *weren't*

72 *Gebrauch*

a I tried to call you on your mobile last night, but it was turned off. What were you doing?
– Oh, I was playing basketball at the sports centre.
Ich habe gestern Abend versucht dich auf deinem Handy anzurufen, aber es war abgestellt. Was hast du (zu der Zeit) gemacht?
– Oh, ich habe im Sportzentrum Basketball gespielt.

At midnight I was driving home from the party.
Um Mitternacht fuhr ich (gerade) von der Party nach Hause.

Mit dem *past progressive* drückt man aus, dass ein Vorgang zu einer bestimmten Zeit **in der Vergangenheit** (z.B. *last night, at midnight*) **gerade im Verlauf**, d.h. **noch nicht abgeschlossen war**.

b Ricky and Todd were playing cards when the teacher came in.
Ricky und Todd spielten gerade Karten, als die Lehrerin hereinkam.

Oft beschreibt das *past progressive*, was gerade vor sich ging *(Ricky and Todd were playing cards)*, als plötzlich etwas anderes passierte. Das neue Ereignis *(the teacher came in)* steht im *simple past*.

Keine Verlaufsform bei Zustandsverben ▶ 57 e

'Ah, there you are, darling. I was just telling Ken and Angie about your unfortunate accident.'

unfortunate [ʌn'fɔːtʃənət] unglücklich, bedauerlich

Past progressive:
wenn etwas zu einer bestimmten Zeit in der Vergangenheit gerade im Verlauf war

73–74 *Past perfect*

73 *Formen*

I had he/she/it had we/you/they had	worked written
I had not he/she/it had not we/you/they had not	worked written
had I had he/she/it had we/you/they	worked? written?

Das *past perfect* wird mit *had* + Partizip Perfekt (▶ 56) gebildet.

Langformen und Kurzformen:
had = *'d*
had not = *hadn't*

Unregelmäßige Verben ▶ hintere Umschlagklappe

!

Nobody had seen Pete. He had disappeared.
Niemand hatte Pete gesehen. Er war verschwunden.

Dem englischen *past perfect* entsprechen deutsch „hatte" oder „war" + Partizip Perfekt.

74 *Gebrauch*

I got some money back because I had paid too much.
Ich bekam Geld zurück, weil ich zu viel bezahlt hatte.

Ed had been in hospital for ten days when I visited him.
Ed war schon zehn Tage im Krankenhaus, als ich ihn besuchte.

Mit dem *past perfect* drückt man aus, dass eine Handlung **vor einer anderen Handlung in der Vergangenheit** stattgefunden hatte oder dass ein Zustand begonnen hatte.

!

Nina had left the party when Dan arrived.
Nina hatte die Party schon verlassen, als Dan kam.

Mit dem *past perfect (had left)* in Satz 1 drückt man aus, dass Nina schon weg war, als Dan zur Party kam.

Nina left the party when Dan arrived.
Nina verließ die Party, als Dan kam.

Mit dem *simple past (left)* in Satz 2 drückt man aus, dass Nina erst ging, als Dan ankam.

Anmerkung

After I **had burned** the sausages, | I ordered pizza.
After I **burned** the sausages, | I ordered pizza.
Nachdem ich die Würstchen hatte anbrennen lassen …

Wenn die Reihenfolge der Ereignisse klar ist, steht nach *after* anstelle des *past perfect (had burned)* oft das *simple past (burned)*.

Past perfect im Bedingungssatz III ▶ 24
Past perfect in der indirekten Rede ▶ 125 d

Past perfect:
wenn etwas bereits vor einem Zeitpunkt in der Vergangenheit stattgefunden oder begonnen hatte

KAPITEL

6 Über die Zukunft sprechen *Talking about the future*

75 Übersicht *Summary*

Im Englischen werden verschiedene Zeitformen verwendet, um ein zukünftiges Geschehen auszudrücken. Welche Zeitform man wählt, hängt z.B. davon ab, ob man eine **Vorhersage** macht oder eine **Absicht** äußert. Die Zeitformen der Zukunft sind allerdings nicht immer eindeutig voneinander abgrenzbar. In vielen Fällen kann man mehr als eine Zeitform verwenden, wenn man über die Zukunft spricht.

Zeitform		Beispiel
will-future	will ask	I'm sure you'll enjoy your holiday. *Sicher wird es dir im Urlaub gefallen.* I think I'll have another hamburger. *Ich glaube, ich esse noch einen Hamburger.*
going to-future	am/is/are going to ask	I'm going to watch TV after school. *Nach der Schule werde ich fernsehen.*
present progressive	am/is/are asking	We're flying to Rome on Friday. *Wir fliegen am Freitag nach Rom.*
simple present	ask/asks	The first bus tomorrow morning leaves at 6.20. *Der erste Bus morgen früh fährt um 6.20 Uhr.* I won't be at home when you arrive. *Ich werde nicht zu Hause sein, wenn ihr ankommt.*
future perfect	will have asked	Pamela will have finished the book by Monday. *Pamela wird das Buch bis Montag ausgelesen haben.*

Formen des Passivs ▶ 86

'I'll call you back in twenty minutes when the restaurant is crowded.'

crowded ['kraʊdɪd] voll, gefüllt

Gebrauch

- wenn man **Vorhersagen** macht oder Vermutungen über die Zukunft äußert ▶ 77 a
- wenn man sich **spontan** zu etwas **entschließt** ▶ 77 b

wenn man über **Absichten** oder **Pläne** spricht ▶ 79 a

wenn etwas für die Zukunft fest **vereinbart** ist ▶ 80

- für Zukünftiges, das durch einen **Fahrplan**, ein Programm, einen Kalender oder Ähnliches festgelegt ist ▶ 81 a
- in **Nebensätzen der Zeit**, die sich auf die Zukunft beziehen ▶ 81 b

wenn etwas zu einem bestimmten Zeitpunkt in der Zukunft geschehen sein wird ▶ 83

76–77 *Will-future*

76 *Formen*

I will / he/she/it will / we/you/they will	write
I will not / he/she/it will not / we/you/they will not	write
will I / will he/she/it / will we/you/they	write?

Das *will-future* wird mit *will* + Infinitiv (ohne *to*) gebildet.

Meist verwendet man die Kurzformen *'ll* (= *will*) und *won't* [wəʊnt] (= *will not*).

77 *Gebrauch*

a I'm sure the weather will be hot in Greece.
Es wird mit Sicherheit heiß werden in Griechenland.

I think Emily will like it there.
Ich glaube, Emily wird es dort gefallen.

You'll probably find the film boring at the beginning.
Du wirst den Film am Anfang wahrscheinlich langweilig finden.

Mit dem *will-future* macht man **Vorhersagen** oder äußert Vermutungen über die Zukunft. Oft handelt es sich dabei um Dinge, auf die man keinen Einfluss hat. Häufige Ausdrücke in Vorhersagen und Vermutungen sind *I think*, *I'm sure*, *I suppose*, *I believe*, *I hope*, *perhaps* und *probably*.

b You look tired. I'll make you some coffee.
Du siehst müde aus. Ich koche dir einen Kaffee.

Don't worry. I won't tell Dad.
Keine Sorge! Ich werde es Papa nicht sagen.

Man verwendet das *will-future*, wenn man sich **spontan** zu etwas **entschließt**. Oft handelt es sich dabei um Angebote oder Versprechen.

!

O.K., ich komme mit.
nicht: OK, I ~~come~~ with you.
sondern: OK, I'll come with you.

Im Deutschen wird für ein zukünftiges Geschehen oft das **Präsens** verwendet.

will im Bedingungssatz I ► 22 a
Zukünftiges Geschehen in Nebensätzen ► 81 b

Will-future:
- *wenn man Vorhersagen macht oder Vermutungen über die Zukunft äußert*
- *wenn man sich spontan zu etwas entschließt*

78–79 *Going to-future*

78 *Formen*

I am he/she/it is we/you/they are	going to write
I am not he/she/it is not we/you/they are not	going to write
am I is he/she/it are we/you/they	going to write?

Das *going to-future* wird mit *am/is/are going to* + Infinitiv gebildet.

Langformen und Kurzformen:

am	=	*'m*	*am not*	=	*'m not*
is	=	*'s*	*is not*	=	*isn't*
are	=	*'re*	*are not*	=	*aren't*

79 *Gebrauch*

a I'm going to work at the supermarket this summer.
Ich werde/will diesen Sommer im Supermarkt arbeiten.

Stella is going to be a nurse.
Stella will Krankenschwester werden.

What are you going to do tonight?
Was machst du heute Abend? / Was hast du heute Abend vor?

Mit dem *going to-future* spricht man über **Absichten** oder **Pläne**. Man sagt, was jemand vorhat.

⚠ I'm going to stay at home tonight.
– OK, I'll stay with you then.
Ich bleibe heute Abend zu Hause.
– O.K., dann bleibe ich bei dir.

- *I'm going to stay* („das habe ich geplant"),
- *I'll stay* („das habe ich soeben spontan beschlossen").

'What are you going to be when you grow up?'

b Look at those dark clouds. There's going to be a storm.
Schau dir die dunklen Wolken an! Es wird ein Gewitter geben.

Careful. You're going to fall.
Pass auf! Du fällst gleich hin.

Mit dem *going to-future* kann man auch sagen, dass etwas höchstwahrscheinlich bald geschehen wird, weil es bereits sichtbare Anzeichen dafür gibt (z.B. dunkle Wolken, die ein Gewitter ankündigen).

Going to-future:
wenn man über Absichten oder Pläne spricht

80 *Present progressive*

I'm flying to Spain next Saturday.
Ich fliege nächste Woche nach Spanien.

What time is Barbara arriving tomorrow?
– At 3.15. We're meeting her at the station.
Wann kommt Barbara morgen an?
– Um 15 Uhr 15. Wir holen sie vom Bahnhof ab.

Mit dem *present progressive* (▶ 60) drückt man aus, dass etwas für die Zukunft **fest geplant** oder **verabredet** ist. Durch eine Zeitangabe der Zukunft (*next Saturday, tomorrow*) oder durch den Zusammenhang muss deutlich werden, dass es um etwas Zukünftiges geht.

Reproduced from *The Spectator*

'Hi, it's me. Listen. It's David's birthday, so a few million of us are going out for a meal. Are you interested?'

Present progressive:
wenn etwas für die Zukunft fest vereinbart ist

81 *Simple present*

a My train leaves at 8.25 pm on Saturday.
Mein Zug fährt am Samstag um 20.25 Uhr.

The pub closes early tomorrow.
Die Kneipe macht morgen schon früh zu.

Mit dem *simple present* (▶ 58) drückt man aus, dass ein zukünftiges Geschehen durch einen **Fahrplan**, ein **Programm**, einen **Kalender** oder Ähnliches festgelegt ist. Die Verben *arrive, leave, open, close, start, stop* und *end* werden oft so verwendet.

b Chris will be here when you get back.
Chris wird hier sein, wenn du zurückkommst.

Wait here until Mr Hanley opens the door.
Warte hier, bis Herr Hanley die Tür aufmacht.

Das *simple present* steht in **Nebensätzen der Zeit** (mit *when, while, after, before, until* usw.), die sich auf die Zukunft beziehen.

!

Ich gebe dir Sues Adresse, ehe ich gehe.
nicht: I ~~give~~ you Sue's address before I'~~ll go~~.
sondern: I'll give you Sue's address before I go.

Wenn man eine zukünftige Handlung beschreibt, verwendet man im Hauptsatz eine Zeitform der Zukunft (z.B. das *will-future*) und im Nebensatz das *simple present*.

Simple present in erfüllbaren *if*-Sätzen ▶ 22

82–83 *Future perfect*

82 *Formen*

I will he/she/it will we/you/they will	have worked have written
I will not he/she/it will not we/you/they will not	have worked have written
will I will he/she/it will we/you/they	have worked? have written?

Das *future perfect* wird mit *will* + *have* + Partizip Perfekt (▶ 56) gebildet.

Meist verwendet man die Kurzformen *'ll* (= *will*) und *won't* [wəʊnt] (= *will not*).

Unregelmäßige Verben ▶ hintere Umschlagklappe

83 *Gebrauch*

The train will have left when we get to the station.
Der Zug wird abgefahren sein, wenn wir am Bahnhof sind.

By tomorrow I'll have finished this project.
Bis morgen werde ich dieses Projekt abgeschlossen haben.

Mit dem *future perfect* drückt man aus, dass etwas zu einem bestimmten Zeitpunkt **in der Zukunft bereits geschehen**, also abgeschlossen sein wird. Der Zeitpunkt wird häufig angegeben (z.B. *when we get to the station, by tomorrow, next year*).

Anmerkung

Mike hasn't arrived yet. I suppose he **will have missed** the bus.
Mike ist noch nicht da. Er wird wohl den Bus verpasst haben.

Mit dem *future perfect* kann man sagen, was vermutlich geschehen sein wird.

84 *Weitere Möglichkeiten, über die Zukunft zu sprechen*
Other ways of talking about the future

We hope to get a last-minute flight to Las Palmas in October.
Wir hoffen, dass wir im Oktober noch einen Last-Minute-Flug nach Las Palmas bekommen.

Rachel hasn't got much homework, so she wants to watch a video this evening.
Rachel hat nicht viele Hausaufgaben, deshalb will sie sich heute Abend ein Video ansehen.

I'd like to have a Halloween party next week. Do you think anybody would come?
Ich möchte nächste Woche eine Halloween-Party machen. Glaubst du, es würde jemand kommen?

Neben *will-future, going to-future, present progressive* und *simple present* gibt es noch andere Möglichkeiten, über die Zukunft zu sprechen.

Zukunftsbezug modaler Hilfsverben ▶ 31 e

KAPITEL

7 Das Passiv *The passive*

85 *Aktiv und Passiv* *Active and passive*

Viele Vorgänge kann man mit einem Aktivsatz oder einem Passivsatz beschreiben:

active:
Christopher Wren built St Paul's Cathedral.
Christopher Wren hat die Sankt-Pauls-Kathedrale gebaut.

- Im **Aktivsatz** führt das Subjekt *(Christopher Wren)* die Handlung aus. Der Beispielsatz sagt also etwas über den Architekten Christopher Wren aus, nämlich dass er der Erbauer der Sankt-Pauls-Kathedrale war.

passive:
St Paul's Cathedral was built between 1675 and 1720.
Die Sankt-Pauls-Kathedrale wurde zwischen 1675 und 1720 gebaut.

- Im **Passivsatz** wird mit dem Subjekt *(St Paul's Cathedral)* etwas getan. Der Beispielsatz sagt also etwas über die Sankt-Pauls-Kathedrale aus, nämlich dass sie im Zeitraum von 1675 bis 1720 gebaut wurde.

86 *Formen des Passivs* *Forms of the passive*

a

	subject	form of *be*	past participle
simple present:	E-mails	are	sent.
	E-Mails werden verschickt.		
simple past:	E-mails	were	sent.
	E-Mails wurden verschickt. / E-Mails sind verschickt worden.		
present perfect:	E-mails	have been	sent.
	E-Mails sind verschickt worden.		
past perfect:	E-mails	had been	sent.
	E-Mails waren verschickt worden.		

Man bildet das Passiv mit einer **Form von *be* + Partizip Perfekt** *(past participle)*. ▶ 56
Im Deutschen wird das Passiv mit einer Form von „werden" + Partizip Perfekt gebildet.

Für die Verwendung der Zeitformen gelten dieselben Regeln wie im Aktiv.
▶ vordere Umschlagklappe

b

will-future:	E-mails	will be	sent.
	E-Mails werden verschickt (werden).		
Modal auxiliaries:	E-mails	should be	sent.
	E-Mails sollten verschickt werden.		

Mit *will, can, should* usw. wird das Passiv folgendermaßen gebildet:
will/can/should/… + *be* + Partizip Perfekt.

Kurzformen ▶ vordere Umschlagklappe
Unregelmäßige Verben ▶ hintere Umschlagklappe

Anmerkungen

1 present progressive: E-mails **are being sent**.
E-Mails werden (gerade) verschickt.

past progressive: E-mails **were being sent**.
E-Mails wurden (gerade) verschickt.

Die Verlaufsform des Passivs bildet man mit *being*. Wie im Aktiv drückt die Verlaufsform aus, dass etwas im Verlauf ist oder war.

2 E-mails **must have been sent**.
E-Mails müssen verschickt worden sein.

Nach modalen Hilfsverben (*must, should, may* usw.) kann die Perfektform *have been* + Partizip Perfekt stehen.

3 The money **has not been found** yet.
Man hat das Geld noch nicht gefunden.

Englische Passivsätze entsprechen oft deutschen Aktivsätzen mit dem unpersönlichen Pronomen „man".

Passivform des Infinitivs ▶ 91 b
Passivform des Gerundiums ▶ 102 b
Passivform des Partizips ▶ 112 b

Passiv:
Subjekt + Form von „be" + Partizip Perfekt

87 Gebrauch *Use*

a A scanner is used for copying pictures and texts into a computer.
Ein Scanner wird verwendet, um Bilder und Texte in einen Computer einzulesen.
(Wer den Scanner benutzt, ist unwichtig.)

'Travelling' is spelled with one 'l' in American English: 'traveling'.
„Travelling" wird im amerikanischen Englisch mit einem „l" geschrieben: „traveling".
(Wer das Wort schreibt, ist unwichtig.)

Late last night a tourist was attacked in Grove Street. He was badly beaten and his money and mobile were taken.
Gestern am späten Abend wurde ein Tourist in der Grove Street angegriffen. Er wurde heftig geschlagen und sein Geld und sein Handy wurden gestohlen.
(Wer der Täter war, ist unbekannt.)

Over 2000 people were killed in an earthquake in Algeria in May 2003. Thousands of homes were destroyed.
Über 2000 Menschen wurden im Mai 2003 bei einem Erdbeben in Algerien getötet. Tausende Häuser wurden zerstört.
(Wer die Häuser zerstört hat – das Erdbeben –, ist offensichtlich.)

Wie im Deutschen verwendet man das Passiv, um zu sagen, **was mit einer Sache oder Person getan wird** oder was mit ihr geschieht.
Wer die Tätigkeit ausführt, ist meist unwichtig, nicht bekannt oder offensichtlich.
Deshalb steht das Passiv oft
- in technischen Beschreibungen und Gebrauchsanweisungen,
- in Meldungen und Berichten über Unfälle, Verbrechen, Naturkatastrophen u.Ä.

b The new museum will be opened by the Queen.
Das neue Museum wird von der Königin eröffnet werden.

This house was destroyed by the hurricane last week.
Dieses Haus wurde durch den Orkan letzte Woche zerstört.

Um in einem Passivsatz zu sagen, **von wem** etwas getan wird oder **wodurch** etwas geschieht, verwendet man die Präposition **by** (z.B. *by the Queen, by the hurricane*).

88–90 *Das Passiv verschiedener Verben* *The passive with different kinds of verbs*

88 *Verben mit einem Objekt*

a

	subject		object
active:	The police	searched	the thief.
	subject		
passive:	The thief	was searched.	
	Der Dieb wurde durchsucht.		

Im Englischen kann das Passiv von allen Verben gebildet werden, auf die im Aktiv ein Objekt folgt.

Das **Subjekt des Passivsatzes** entspricht dem **Objekt des Aktivsatzes**.

b

		object	
active:	People thanked	me	for my help.
	subject		
passive:	I	was thanked for my help.	

Mir wurde für meine Hilfe gedankt. /
Es wurde mir für meine Hilfe gedankt. /
Man dankte mir für meine Hilfe.

(The Princess died in 1997.)
active: People will remember her for a long time.
passive: She will be remembered for a long time.
Man wird sich noch lange Zeit an sie erinnern.

Bei folgenden Verben unterscheidet sich die Passivbildung im Englischen und im Deutschen:

advise sb.	jm. (etwas) raten
allow sb.	jm. (etwas) erlauben
follow sb.	jm. folgen
help sb.	jm. helfen
join sb.	sich jm. anschließen
remember sb./sth.	sich an jd./etwas erinnern
thank sb.	jm. danken

Das „persönliche Passiv" dieser Verben wird im Deutschen folgendermaßen wiedergegeben:
- durch eine unpersönliche Passivkonstruktion („mir wurde gedankt"/„es wurde mir gedankt"),
- durch einen Aktivsatz mit „man" („man dankte mir"; „man wird sich an sie erinnern").

Anmerkung

active: People **say that** the President **is** seriously ill.

passive: **It is said that** the President **is** seriously ill.
The President **is said to be** seriously ill.
Man sagt, dass der Präsident schwer krank sei.

Von Verben des Sagens und Denkens (z.B. *say, report, believe, know, suppose, think*) kann das Passiv folgendermaßen gebildet werden:
- *it is said/reported/believed that ...,*
- *somebody is said/reported/believed* + *to*-Infinitiv.

89 *Verben mit Präposition + Objekt*

		verb + preposition	object
active:	Someone	has broken into	the video shop.
	subject	verb + preposition	
passive:	The video shop	has been broken into.	

In die Videothek ist eingebrochen worden. /
Man hat in die Videothek eingebrochen.

Man kann das Passiv auch von Verben bilden, die fest mit einer **Präposition** verbunden sind (z.B. *break into, look after, talk about, think of*). Wie im Aktivsatz **folgt** die Präposition direkt **auf** das **Verb**.

Präpositionen im Fragesatz ▶ 5 d
Präpositionen im Relativsatz ▶ 27

90 Verben mit zwei Objekten: persönliches Passiv

		person object	thing object
active:	The director offered	Kelly/her	a TV role.

subject

passive: Kelly/She was offered a TV role.
Kelly/Ihr wurde eine Fernsehrolle angeboten. / Man bot Kelly/ihr eine Fernsehrolle an.

She was promised a film part too.
Ihr wurde auch eine Filmrolle versprochen. / Man versprach ihr auch eine Filmrolle.

Bei Verben mit zwei Objekten wie *give, offer, promise* (▶ 17a) wird meist das **Personenobjekt** des Aktivsatzes zum **Subjekt des Passivsatzes** („persönliches Passiv").
Im Deutschen ist diese Passivkonstruktion nicht möglich: Das Personenobjekt des Aktivsatzes (z.B. „ihr") bleibt auch im Passiv erhalten.

Folgende englische Verben können ein „persönliches Passiv" bilden:

bring	(her)bringen	*pay*	bezahlen
buy	kaufen	*promise*	versprechen
give	geben, schenken	*sell*	verkaufen
		send	schicken
leave	überlassen	*show*	zeigen
lend	leihen	*teach*	beibringen
offer	anbieten	*tell*	sagen, erzählen
pass	reichen, geben	*throw*	(zu)werfen

Anmerkung

		person object	thing object
active:	The director offered	Kelly/her	**a TV role.**

subject

passive: **A TV role** was offered to Kelly/to her.
Kelly/Ihr wurde eine Fernsehrolle angeboten. / Eine Fernsehrolle wurde Kelly/ihr angeboten.

Auch das Sachobjekt des Aktivsatzes *(a TV role)* kann zum Subjekt des Passivsatzes werden. In diesem Fall wird das Personenobjekt *(Kelly/her)* mit *to* angefügt. Das „persönliche Passiv" *(Kelly/She was offered a TV role)* wird jedoch bevorzugt.

Passiv:
kann von allen Verben gebildet werden, die im Aktiv ein Objekt haben

Anmerkung

Zur Verdeutlichung der Bildungsweise des Passivs wird in den Abschnitten 88–90 jedem Passivsatz der entsprechende Aktivsatz zugeordnet. Im natürlichen Sprachgebrauch werden Passivsätze allerdings nicht aus Aktivsätzen „abgeleitet": Man verwendet entweder einen Aktivsatz **oder** einen Passivsatz – je nachdem, was man ausdrücken will. Aktiv und Passiv sind also nicht beliebig austauschbar.

KAPITEL

8 Der Infinitiv The infinitive

91 Formen *Forms*

a Phil has decided to move to Berlin.
Phil hat sich entschlossen, nach Berlin zu ziehen.

I can't move this table. It's too heavy.
Ich kann diesen Tisch nicht bewegen. Er ist zu schwer.

Jedes Vollverb (▶ 51) hat eine **Grundform**, den Infinitiv. Der Infinitiv wird – je nach Satz – **mit oder ohne *to*** verwendet.

⚠

I mustn't forget to give Max his CDs back.
Ich darf nicht vergessen (,) Max seine CDs wiederzugeben.

Im Englischen darf **kein Komma** vor den Infinitiv gesetzt werden. ▶ 207 a ⚠

b This letter has to be sent today.
Dieser Brief muss heute abgeschickt werden.

Neben der Aktivform gibt es auch eine **Passivform des Infinitivs**: *(to) be* + Partizip Perfekt. ▶ 86 b

Anmerkungen

1 You should **have asked** Pete first.
Du hättest zuerst Pete fragen sollen.

Pete should **have been asked** first.
Pete hätte zuerst gefragt werden sollen.

Vom Infinitiv gibt es auch Perfektformen:
- *(to) have* + Partizip Perfekt (Infinitiv Perfekt Aktiv),
- *(to) have been* + Partizip Perfekt (Infinitiv Perfekt Passiv).

2 You must **be joking**.
Das soll wohl ein Witz sein!

Emma looks tired. She must **have been working** hard.
Emma sieht müde aus. Sie muss (wohl) hart gearbeitet haben.

Vom Infinitiv gibt es auch Verlaufsformen, die ausdrücken, dass etwas im Verlauf ist oder war:
- *(to) be* + *-ing*-Form,
- *(to) have been* + *-ing*-Form.

Infinitiv Perfekt im Bedingungssatz III ▶ 24
Modale Hilfsverben + Infinitiv Perfekt ▶ 31 Anm.
will + Infinitiv Perfekt *(future perfect)* ▶ 82

c Try not to be late.
Versuch, nicht zu spät zu kommen!

Einen **verneinten Infinitiv** bildet man, indem man *not* vor den Infinitiv stellt.

92–98 *Der to-Infinitiv* *The to-infinitive*

92 *Verben + to-Infinitiv*

a

We agreed to give Carl another chance.
Wir vereinbarten, Carl noch eine Chance zu geben.

Don't forget to send me an e-mail.
Vergiss nicht, mir eine E-Mail zu schicken.

Gemma has offered to help us.
Gemma hat angeboten, uns zu helfen.

What are you planning to do?
Was hast du vor? / Was willst du tun?

Didn't Oliver promise to wash the car?
Hat Oliver nicht versprochen, das Auto zu waschen?

There seems to be a problem.
Es scheint ein Problem zu geben.

Der *to*-Infinitiv steht nach vielen Vollverben. Meist entspricht er einem deutschen Infinitiv mit „zu".

agree	vereinbaren, zustimmen
decide	sich entscheiden, beschließen
expect	erwarten, damit rechnen
hope	hoffen
learn	lernen
manage	es schaffen
offer	anbieten
plan	planen, vorhaben
promise	versprechen
seem	(zu sein/zu tun) scheinen
try	versuchen

Anmerkung

When did you **begin** | **to learn** English? / **learning** English?

Nach *begin, start, continue* und einigen anderen Verben kann entweder der *to*-Infinitiv oder die *-ing*-Form (das Gerundium) stehen.

Verben + *to*-Infinitiv oder Gerundium ► 105 b/c

b

We want to move to a bigger house.
Wir wollen in ein größeres Haus ziehen.

I'd like to leave now.
Ich möchte jetzt gehen.

You ought to go out more often.
Du solltest öfter ausgehen.

I'll have to check that on the Internet.
Das muss ich im Internet überprüfen.

Der *to*-Infinitiv nach folgenden Verben entspricht einem deutschen Infinitiv ohne „zu":

want to do	tun wollen
would like to do	möchte/will gern tun
would love to do	möchte/will sehr gern tun
would hate to do	würde sehr ungern tun
would prefer to do	würde lieber tun
ought to do	tun sollen
be able to do	tun können
be allowed to do	tun dürfen
have to do	tun müssen

Going to-future ► 78
happen to do; used to do ► 190

'Tch … It's no use, we'll have to teach the dog to fetch the remote control.'

it's no use [juːs] es hat keinen Sinn
remote control [rɪ'məʊt] Fernbedienung

93 *Verben* + *Objekt* + to-*Infinitiv*

a

	verb	object	*to*-infinitive
Miss Hunt	asked	Ben	to be quiet.
She	allowed	the class	to use a dictionary.
And she	reminded	them	to write clearly.

Frau Hunt bat Ben, leise zu sein.
Sie erlaubte der Klasse, ein Wörterbuch zu benutzen.
Und sie erinnerte sie daran, deutlich zu schreiben.

Nach bestimmten Verben kann ein Objekt *(Ben, the class, them)* mit einem *to*-Infinitiv stehen. Im Deutschen steht nach dem Objekt meist der Infinitiv mit „zu“.

advise	(jm.) raten
allow	erlauben
ask	bitten
force	zwingen
help	helfen
invite	einladen, auffordern
remind	daran erinnern
teach	lehren, beibringen
warn	ermahnen, warnen

Anmerkung

Jeremy, please **help** me **carry** this box.
Jeremy, hilf mir bitte, diese Kiste zu tragen.

Vor allem im informellen, gesprochenen Englisch wird *to* nach *help* + Objekt häufig weggelassen.

b

	verb	object	*to*-infinitive
Mr Martin	expects	his pupils	to work hard.
He doesn't	want	them	to get nervous.
He says, 'I	would like	you all	to get good marks.'

Herr Martin erwartet, dass seine Schüler/innen hart arbeiten.
Er will nicht, dass sie Angst bekommen.
Er sagt: „Ich möchte, dass ihr alle gute Noten bekommt.“

Auch nach folgenden Verben kann ein Objekt mit einem *to*-Infinitiv stehen. Nach den entsprechenden deutschen Verben steht jedoch ein **Nebensatz mit „dass“**.

cause	verursachen, dass
expect	erwarten/verlangen, dass
tell	sagen, dass (... soll)
want	wollen, dass
would like	möchte, dass

Aufforderungen in der indirekten Rede ► 127 a/b

!

1 *Frau Hunt möchte, dass Nick zuhört.*
nicht: Miss Hunt would like ~~that Nicks listens~~.
sondern: Miss Hunt would like Nick to listen.

Auf *want* und *would like* darf **kein *that*-Satz** folgen.

Sie will, dass er genau zuhört.
nicht: She wants ~~that he listens~~ carefully.
sondern: She wants him to listen carefully.

Personalpronomen stehen in der **Objektform** (*me, him, her, us* usw.).

2 Tom wants to help his sister.
Tom will seiner Schwester helfen.

Tom wants his sister to help.
Tom will, dass seine Schwester hilft.

Beachte, wie sich die Satzbedeutung durch die **Stellung des Objekts** *(his sister)* ändert: Im ersten Satz will Tom helfen, im zweiten Satz soll Toms Schwester helfen.

94 Adjektive + to-Infinitiv

The song is easy to understand.
Der Song ist leicht zu verstehen.

I think it's more difficult to speak English than German.
Ich finde, es ist schwieriger, Englisch zu sprechen, als Deutsch zu sprechen.

Der *to*-Infinitiv kann nach bestimmten Adjektiven stehen (z.B. nach *difficult, easy, happy, good, hard, important, ready*).

It's too cold/not warm enough to sit outside.
Es ist zu kalt/nicht warm genug, um draußen zu sitzen.

Oft steht der *to*-Infinitiv nach *too* + Adjektiv oder nach Adjektiv + *enough* (deutsch: „um … zu").

'My screen is hard to read. Can I have a bigger monitor?'

Anmerkung

Kate was | **the last (person) to see** the man alive. / the last (person) who saw the man alive.
Kate war die Letzte, die den Mann noch lebend gesehen hat.

Liverpool is | **the only English city to have** two cathedrals. / the only English city that has two cathedrals.
Liverpool ist die einzige englische Stadt, die zwei Kathedralen hat.

Der *to*-Infinitiv nach *the first, the last, the next* und nach *the only* (+ Nomen oder *one*) entspricht einem Relativsatz. ► 25

95 Nomen + to-Infinitiv

It's time to leave.
Es ist Zeit zu gehen.

Did you know about Katie's plans to work in India?
Wusstest du von Katies Plänen, in Indien zu arbeiten?

Der *to*-Infinitiv kann nach bestimmten Nomen stehen (z.B. nach *chance, decision, plan, time*). Er entspricht oft einem deutschen Infinitiv mit „zu".

chance of + Gerundium ► 108

Anmerkung

The headteacher is **the man** | **to help** us. / who can/must/should help us.
Der Schulleiter ist der Mann, der uns helfen kann/muss/sollte.

I'm sure there's **somebody** | **to ask** for help. / who I can/could/might ask for help.
Es gibt sicher jemand, den ich um Hilfe bitten kann/könnte.

Nach Nomen *(the man)* sowie nach *somebody, anybody, nobody, something, nothing* usw. kann der *to*-Infinitiv statt eines Relativsatzes mit *can, must, should* usw. stehen. ► 25

96 *Fragewörter* + to-*Infinitiv*

We weren't sure | who to believe. / who we should/could believe.
Wir waren unsicher, wem wir glauben sollten/könnten.

Show me | how to do it. / how I/you can do it.
Zeig mir, wie ich es machen kann/wie man es macht!

Vicky wondered | whether to buy a new computer. / whether she should buy a new computer.
Vicky überlegte, ob sie einen neuen Computer kaufen sollte.

Der *to*-Infinitiv kann nach Fragewörtern (z.B. *who, how, what, where, when*) und nach *whether* („ob") stehen.
Er entspricht oft einem Nebensatz mit *can, could, should, might* oder *must*.
Im Deutschen kann nur ein **Nebensatz** stehen.

97 *Der* to-*Infinitiv zur Angabe des Zwecks*

I turned on the TV to watch the news.
Ich schaltete den Fernseher ein, um mir die Nachrichten anzusehen.

Der *to*-Infinitiv dient oft zur Angabe eines Zwecks oder einer Absicht.
Im Deutschen wird dafür „um ... zu" + Infinitiv verwendet.

Anmerkung

They arrived early **in order to get** good tickets.
Sie kamen früh, um gute Karten zu bekommen.

Die Form *in order to* ist etwas förmlicher als *to*, bedeutet aber dasselbe.

98 to *anstelle eines Infinitivs*

We're going to have a barbecue on Saturday.
Would you like to come? – Yes, I'd like to. What time?
Wir machen am Samstag ein Barbecue.
Hast du Lust zu kommen? – Ja. Um wie viel Uhr?

It's easy to learn Italian, if you want to.
Es ist einfach, Italienisch zu lernen, wenn man nur will.

Um Wiederholungen zu vermeiden, wird häufig ein einfaches *to* anstelle eines *to*-Infinitivs (mit seinen Ergänzungen) verwendet.

„to"-Infinitiv:
- *nach bestimmten Verben (want to go)*
- *nach bestimmten Verben + Objekt (want him to go)*
- *nach bestimmten Adjektiven (happy to go)*
- *nach bestimmten Nomen (time to go)*

99–101 *Der Infinitiv ohne* to *The infinitive without* to

99 *Hilfsverben + Infinitiv ohne* to

I can play the guitar. But I should practise more.
Ich kann Gitarre spielen. Aber ich müsste mehr üben.

Tim's girlfriend doesn't like discos.
Tims Freundin mag keine Diskos.

When did you arrive?
Wann bist du angekommen?

Der Infinitiv ohne *to* steht:

- nach **modalen Hilfsverben** (*can, could, may, might, must, mustn't, needn't, shall, should, will, would;* aber: *ought to*), ▶ 31 a
- nach ***do/does/did*** (in verneinten Sätzen und Fragen). ▶ 4 b, 5 b

100 let's/why not ...?/had better + *Infinitiv ohne* to

Let's go to your place.
Gehen wir doch zu dir nach Hause.

Why not go by bus?
Warum fährst du nicht mit dem Bus?

You'd better tell me where you're going.
Du solltest mir lieber sagen, wohin du gehst. /
Es wäre besser, wenn du mir sagtest, wohin du gehst.

Der Infinitiv ohne *to* steht:

- nach *let's,* ▶ 11 c
- nach *why not ... ?,*
- nach der Wendung *you'd (= you had) better* („du solltest lieber"; „es wäre besser, wenn du").

101 let/make + *Objekt + Infinitiv ohne* to

	verb	object	infinitive
Miss Jones	lets	us	talk in class.
But she	doesn't let	us	eat or drink.
Before exams she	makes	us	work hard.

Frau Jones lässt uns während des Unterrichts reden.
Aber sie lässt uns nicht essen oder trinken.
Vor Prüfungen lässt sie uns hart arbeiten.

Nach den Verben *let* und *make* steht ein Objekt mit einem Infinitiv ohne *to*. *Let* und *make* unterscheiden sich in ihrer Bedeutung:

let (zu)lassen, erlauben
make (veran)lassen, dazu bringen, zwingen

Verben der Wahrnehmung + Objekt + Infinitiv ▶ 115 b

Infinitiv ohne „to":
- *nach „can", „must", „should" usw.*
- *nach „do/does/did"*
- *nach „let" und „make" + Objekt (let her go, make her stay)*

KAPITEL

9 Die -ing-Form als Gerundium *The -ing form as gerund*

102 Formen *Forms*

a

infinitive	*-ing* form
wait	waiting
swim	swimming
drive	driving
be	being

Sowohl das Gerundium als auch das Partizip Präsens (► 112a) bildet man, indem man die **Endung *-ing*** an den Infinitiv eines Verbs hängt. ► 55

b Leo enjoys driving his old van.
Leo genießt es, mit seinem alten Lieferwagen zu fahren.

He also enjoys being driven in his girlfriend's Mini.
Er genießt es auch, im Mini seiner Freundin herumgefahren zu werden.

Neben der **Aktivform** gibt es auch eine **Passivform des Gerundiums**: *being* + Partizip Perfekt *(being driven)*.

Anmerkung

Leo is proud of **having driven** without an accident for over ten years.
Leo ist stolz darauf, schon über zehn Jahre unfallfrei gefahren zu sein.

Vom Gerundium gibt es auch eine Perfektform: *having* + Partizip Perfekt *(having driven)*.

c On holiday Karen enjoys not getting up so early.
Im Urlaub genießt Karen es, nicht so früh aufzustehen.

Ein **verneintes Gerundium** bildet man, indem man *not* vor das Gerundium stellt.

103 Gebrauch *Use*

Das Gerundium kann ähnlich wie ein Nomen verwendet werden:

Flying can be dangerous.	(Planes can be dangerous.)	• als **Subjekt**, ► 104
I like flying.	(I like planes.)	• als **Objekt** nach bestimmten Verben, ► 105
I know a lot about flying.	(I know a lot about planes.)	• **nach Präpositionen**. ► 106–110

I want to know more about flying jumbo jets.

Wie bei allen Verben kann auch auf das Gerundium eine Ergänzung folgen (z.B. ein Objekt).

104 *Das Gerundium als Subjekt* *The gerund as subject*

Smoking is bad for you.
Rauchen schadet der Gesundheit.

Working with computers is fun.
Am Computer zu arbeiten macht Spaß. /
Das Arbeiten am Computer macht Spaß.

Das Gerundium kann Subjekt eines Satzes sein. Im Deutschen wird es oft durch einen Infinitiv wiedergegeben.

Anmerkung

Jenny's hobby is **acting** .
Jennys Hobby ist das Theaterspielen.

Das Gerundium kann auch nach einer Form von *be* stehen (als Ergänzung zum Subjekt).

105 *Verben + Gerundium* *Verbs + gerund*

a Kim enjoys writing poems.
Kim schreibt gern Gedichte.

Have you finished tidying up?
Bist du mit dem Aufräumen fertig?

Imagine having dinner with your favourite star.
Stell dir vor, mit deinem Lieblingsstar essen zu gehen.

Would you mind waiting outside, please?
Würden Sie/Kannst du bitte draußen warten?

I missed seeing that film.
Ich habe es versäumt, mir diesen Film anzusehen.

'You must stop wearing flip-flops.'

flip-flops Badelatschen

Das Gerundium steht als Objekt nach bestimmten Verben, z.B.:

avoid	(es) vermeiden
carry on/go on	weiter(machen), immer wieder tun
dislike	sehr ungern tun, (es) nicht mögen
enjoy	sehr gern tun, genießen
finish	beenden, aufhören (mit)
give up	aufgeben, aufhören (mit)
imagine	sich (etwas) vorstellen
include	einschließen
keep	weiter(machen); immer wieder tun
mean	bedeuten
mention	erwähnen
mind	etwas dagegen haben
miss	(es) versäumen; (es) vermissen
practise	üben
stop	beenden, aufhören (mit)
suggest	vorschlagen

!

Sandya schlug vor zu warten.
nicht: Sandya suggested ~~to wait~~.
sondern: Sandya suggested waiting.

Nach den oben genannten Verben darf im Englischen **kein Infinitiv** stehen.

b

Everyone in the class started | laughing. / to laugh.
Alle in der Klasse fingen an zu lachen.

Beth hates | getting up early. / to get up early.
Beth hasst es, früh aufzustehen.

I love | going to parties. / to go to parties.
Ich gehe sehr gern auf Partys.

Nach folgenden Verben kann entweder das **Gerundium oder** der ***to*-Infinitiv** stehen. Die Bedeutung ändert sich dabei nicht.

begin/start	anfangen
continue	weiter(machen)
hate	sehr ungern tun, (es) hassen
like	gern tun
love	sehr gern tun, (es) toll/gut finden
prefer	lieber tun

!

I would love to go to a party but I would hate to go alone.
Ich würde sehr gern auf eine Party gehen, aber ich würde ungern allein gehen.

Nach *would like* („möchte", „würde gern"), *would love* („würde liebend gern"), *would hate* („würde sehr ungern"), *would prefer* („würde lieber") steht **nur** der ***to*-Infinitiv**, nicht das Gerundium.

c

verb + gerund	verb + *to*-infinitive
I'll never forget going to England for the first time. *Ich werde nie vergessen, wie ich das erste Mal in England war.*	Don't forget to go to the shops this afternoon. *Vergiss nicht, heute Nachmittag einkaufen zu gehen!*
I remember locking the door before I went to bed. *Ich erinnere mich, dass ich die Tür abgeschlossen habe, bevor ich schlafen ging.*	Remember to lock the door before you go to bed. *Denk daran, die Tür abzuschließen, ehe du schlafen gehst!*

Forget und *remember* haben unterschiedliche Bedeutungen, je nachdem, ob ein **Gerundium oder** ein ***to*-Infinitiv** folgt:

forget doing sth.
= „vergessen, dass man etwas (in der Vergangenheit) getan hat"

forget to do sth.
= „vergessen, (später) etwas zu tun"

remember doing sth.
= „sich daran erinnern, dass man (in der Vergangenheit) etwas getan hat"

remember to do sth.
= „daran denken, (in der Zukunft) etwas zu tun"

Anmerkung

Stop asking silly questions.
Hör auf, dumme Fragen zu stellen!

The driver **stopped to ask** the way.
Der Fahrer hielt an, um nach dem Weg zu fragen.

stop doing sth. = „aufhören, etwas zu tun"
stop to do sth. = „anhalten, um etwas (anderes) zu tun"

Verben + *to*-Infinitiv ▶ 92

Gerundium:
- *als Subjekt vor dem Verb (Dancing is fun.)*
- *nach bestimmten Verben (I enjoy dancing.)*

06–110 *Präpositionen + Gerundium* *Prepositions + gerund*

106 *Übersicht*

Verben, die auf eine Präposition folgen, stehen als Gerundium, also in der *-ing*-Form. Die **Präposition** kann

Tina is interested in learning German.
Tina ist daran interessiert, Deutsch zu lernen.

- mit einem **Adjektiv** verbunden sein, ▶ 107

What's your reason for wanting to go to Zimbabwe?
Aus welchem Grund willst du nach Simbabwe?

- mit einem **Nomen** verbunden sein, ▶ 108

Beth had always dreamed of going to India.
Beth hatte immer davon geträumt, nach Indien zu reisen.

- mit einem **Verb** verbunden sein, ▶ 109

Susan ran across the road without looking.
Susan rannte über die Straße, ohne zu schauen.

- **allein** (d.h. unverbunden) stehen. ▶ 110

107 *Adjektive mit Präposition + Gerundium*

Mr Curtis is afraid of losing his job.
Herr Curtis hat Angst davor, seine Stelle zu verlieren.

Daniel is very good at telling jokes.
Daniel kann sehr gut Witze erzählen.

Sid is proud of being the fastest runner in the class.
Sid ist stolz darauf, der schnellste Läufer der Klasse zu sein.

I'm sorry about forgetting your birthday.
Es tut mir leid, dass ich deinen Geburtstag vergessen habe.

stare at [steə] anstarren

be afraid of	Angst haben vor
be angry about/at	böse sein über
be bad/good at	schlecht/gut sein in, (etwas) schlecht/gut können
be clever at	gut/geschickt sein in
be crazy about	verrückt sein nach
be disappointed about/at	enttäuscht sein über
be excited about	aufgeregt sein wegen
be famous for	berühmt/bekannt sein für
be glad about	froh sein über
be interested in	interessiert sein an, sich interessieren für
be proud of	stolz sein auf
be scared of	Angst haben vor
be tired of	genug haben von, es satt haben zu
I'm sorry about/for	es tut mir leid, dass …
be used to ['ju:stə]	gewöhnt sein an, etwas gewohnt sein
get used to	sich gewöhnen an
be worried about	besorgt sein wegen

Anmerkung

Tony is **used to working** at night.
Tony ist es gewohnt, nachts zu arbeiten.

Bei *be used to* ist *to* eine Präposition. Daher steht ein darauf folgendes Verb als Gerundium (nicht als Infinitiv).

I **used to work** at night but I stopped.
Früher habe ich nachts gearbeitet, aber ich habe damit aufgehört.

Auf die Vergangenheitsform *used to* („früher") folgt der Infinitiv, weil *to* hier keine Präposition ist. ▶ 190

108 *Nomen mit Präposition + Gerundium*

There is still hope of finding the children.
Es besteht immer noch Hoffnung, die Kinder zu finden.

I like the idea of giving a surprise party for Kate.
Ich finde die Idee gut, eine Überraschungsparty für Kate zu geben.

Helen has shown an interest in learning Japanese.
Helen hat ihr Interesse bekundet, Japanisch zu lernen.

There are good reasons for eating a lot of fruit.
Es gibt gute Gründe dafür, viel Obst zu essen.

I didn't have any trouble (in) getting Ed's address.
Ich hatte keine Schwierigkeiten, Eds Adresse zu bekommen.

advantage of	Vorteil (des/von)
chance of	Chance, Aussicht, (günstige) Gelegenheit (zu)
danger of	Gefahr (zu)
difficulty (in)	Schwierigkeit(en) (zu)
hope of	Hoffnung (zu/auf)
idea of	Vorstellung, Einfall (zu)
interest in	Interesse an
possibility of	Möglichkeit (zu)
problem of	Problem (zu)
reason for	Grund für
trouble (in)	Schwierigkeit(en) (zu/mit)

chance + *to*-Infinitiv ▶ 95

109 *Verben mit Präposition + Gerundium*

I don't believe in hitting children.
Ich halte nichts davon, Kinder zu schlagen.

We decided against going to Iceland.
It's too expensive.
Wir haben uns dagegen entschieden, nach Island zu fahren. Es ist zu teuer.

Dave is thinking of buying a DVD player.
Dave überlegt, einen DVD-Spieler zu kaufen.

Maddy always worries about being late.
Maddy macht sich immer Sorgen, dass sie zu spät kommt.

agree with	einverstanden sein mit
believe in	glauben an
decide against	sich entscheiden gegen
dream of/about	träumen von
look forward to	sich freuen auf
talk about/of	sprechen über, reden von
tell sb. about	jm. erzählen von
think of	denken an, in Betracht ziehen
worry about	sich Sorgen machen wegen/um

⚠ !

Ich freue mich schon darauf, dich bald zu sehen.
nicht: I'm looking forward ~~to see~~ you soon.
sondern: I'm looking forward to seeing you soon.

Auf *look forward to* darf **kein Infinitiv** folgen, weil *to* hier Präposition ist.

Anmerkung

enjoy [ɪn'dʒɔɪ] genießen; ***did you ~ the film?*** hat dir der Film gefallen?; ***~ doing sth.*** etwas gerne tun; ***~ oneself*** sich amü-

look forward to sich freuen auf; ***I am looking forward to meeting you*** ich freue mich (schon) darauf, dich zu sehen

beschließen decide on; *Gesetz* pass; *beenden* conclude; ***~, etwas zu tun*** decide to do sth.

Aus: *English G 2000 Wörterbuch*

Bei der Verwendung englischer Verben muss man immer wissen (bzw. in einem Wörterbuch nachschlagen), wie ein folgendes Verb angeschlossen wird:

- als Gerundium: *enjoy doing, look forward to doing,*
- als *to*-Infinitiv: *decide to do.*

'Gary, what have I told you about eating in class?'

110 *Allein stehende Präpositionen + Gerundium*

After swimming I always wash my hair.
Nach dem Schwimmen wasche ich mir immer die Haare.

Mum usually reads the paper before going to work.
Mama liest meistens die Zeitung, ehe sie zur Arbeit geht.

Steve caused an accident by driving too fast.
Steve hat einen Unfall verursacht, dadurch dass er zu schnell fuhr/durch zu schnelles Fahren.

Soap is for washing.
Seife ist zum Waschen da.

Instead of asking Kit, you should do it yourself.
Anstatt Kit zu fragen, solltest du es selbst machen.

Sarah left the party without saying goodbye.
Sarah verließ die Party, ohne sich zu verabschieden.

Das Gerundium folgt auch auf Präpositionen, die nicht mit einem vorangehenden Adjektiv, Nomen oder Verb verbunden sind.
Zu diesen allein stehenden Präpositionen gehören ***after***, ***before***, ***by***, ***for***, ***instead of*** und ***without***.

Nach einer Präposition:
Gerundium (-ing-Form), nicht Infinitiv!

111 *Wendungen + Gerundium* *Phrases + gerund*

Das Gerundium steht nach folgenden Wendungen:

I couldn't help laughing when Jeff fell over.
Ich musste einfach lachen, als Jeff hinfiel.

How about buying a fitness video?
Wie wäre es, ein Fitness-Video zu kaufen?

It's no use/no good waiting for the bus any longer.
Es hat keinen Zweck, noch länger auf den Bus zu warten.

- *I can't help* („ich kann nicht anders als …"),
- *how about …? / what about …?* („wie wäre es (mit) …?"),
- *it's no use* [juːs] */ it's no good* („es hat keinen Zweck/Sinn").

KAPITEL

10 Das Partizip *The participle*

112 Formen *Forms*

a

infinitive	present participle	
wait	waiting	*wartend*
write	writing	*schreibend*
swim	swimming	*schwimmend*

infinitive	past participle	
wait	waited	*gewartet*
write	written	*geschrieben*
swim	swum	*geschwommen*

Es gibt zwei Arten von Partizipien:

- Das **Partizip Präsens** *(present participle)* bildet man, indem man die Endung ***-ing*** an den Infinitiv hängt (▶ 55). Das Partizip Präsens hat dieselbe Form wie das Gerundium (▶ 102).
- Das **Partizip Perfekt** *(past participle)* der regelmäßigen Verben bildet man mit der Endung ***-ed*** (▶ 56). Die unregelmäßigen Verben (z.B. *write, swim*) haben eigene Formen, die man lernen muss (▶ hintere Umschlagklappe).

b The speech being written is for the ceremony.
Die Rede, die gerade geschrieben wird, ist für die Feier.

Neben der Aktivform gibt es auch eine **Passivform des Partizips**: *being* + Partizip Perfekt *(being written)*.

> Anmerkung
>
> **Having written** a speech like this one before,
> Ed didn't have any problems.
> *Da Ed so eine Rede schon früher geschrieben hatte, hatte er keine Probleme.*
>
> Vom Partizip gibt es auch eine Perfektform:
> *having* + Partizip Perfekt *(having written)*.

c Not speaking German, I can't help you.
Da ich kein Deutsch spreche, kann ich Ihnen nicht helfen.

Ein **verneintes Partizip** bildet man, indem man *not* vor das Partizip stellt.

agent ['eɪdʒənt] Agent/in (der/die Künstlern Arbeit vermittelt)
swear [sweə] fluchen

113 Verbformen mit Partizipien *Verb forms using participles*

a

Look – it's raining again.
Sieh mal – es regnet schon wieder.

An hour ago it was raining too.
Vor einer Stunde hat es auch geregnet.

It's been raining all day.
Es regnet schon den ganzen Tag.

Mit dem **Partizip Präsens** bildet man die **Verlaufsformen** des Verbs *(progressive forms)*:
- *present progressive (is raining),* ▶ 60
- *past progressive (was raining),* ▶ 71
- *present perfect progressive (has been raining).* ▶ 66

b

I've seen this film before.
Ich habe diesen Film schon mal gesehen.

The party had started when I arrived.
Die Party hatte schon angefangen, als ich ankam.

I'll have finished the book soon.
Ich werde das Buch bald ausgelesen haben.

Mit dem **Partizip Perfekt** bildet man die ***perfect tenses***:
- *present perfect (have seen),* ▶ 63
- *past perfect (had started),* ▶ 73
- *future perfect (will have finished).* ▶ 82

Millions of letters are sent every day.
Täglich werden Millionen von Briefen verschickt.

Mit dem Partizip Perfekt bildet man alle Zeitformen des **Passivs** *(are sent, …).* ▶ 86

114 Partizipien bei einem Nomen *Participles used with a noun*

a

Have you ever seen flying fish?
Hast du schon mal fliegende Fische gesehen?

The passengers were able to leave the sinking ship.
Die Passagiere konnten das sinkende Schiff verlassen.

My dad would never buy a used car.
Mein Vater würde nie ein gebrauchtes Auto kaufen.

All the doors are closed.
Alle Türen sind geschlossen.

Partizipien werden manchmal **wie ein Adjektiv** zur näheren Bestimmung eines Nomens verwendet:
- Das **Partizip Präsens** *(flying, sinking)* hat **aktive** Bedeutung: *flying fish* = „Fische, die fliegen".
- Das **Partizip Perfekt** *(used, closed)* hat **passive** Bedeutung: *a used car* = „ein Auto, das bereits benutzt wurde".

!

This is exciting news. I'm very excited about it.
Das sind aufregende Nachrichten. Ich bin deshalb sehr aufgeregt.

I'm interested in history. I find history interesting.
Ich interessiere mich für Geschichte. Ich finde Geschichte interessant.

Die Formen auf ***-ing*** und die Formen auf ***-ed*** dürfen nicht verwechselt werden:

boring	langweilig	*bored*	gelangweilt
exciting	aufregend	*excited*	aufgeregt
frightening	erschreckend	*frightened*	erschrocken
interesting	interessant	*interested*	interessiert
surprising	überraschend	*surprised*	überrascht

b

I've never been to an English-speaking country.
Ich bin noch nie in einem englischsprachigen Land gewesen.

'FAQ' means 'frequently asked questions'.
„FAQ" bedeutet „häufig gestellte Fragen".

Partizipien können mit einem anderen Wort *(English, frequently)* eng verbunden sein.

c

The boy	crossing the street who is crossing the street	is Rob Williams.

Der Junge, der gerade über die Straße geht, ist Rob Williams.

'Imagine' is a song	written by John Lennon. which was written by John Lennon.

„Imagine" ist ein Song, der von John Lennon geschrieben wurde.

Partizipien müssen **nach** dem dazugehörigen **Nomen** stehen, wenn sie durch ein Objekt *(the street)* oder eine adverbiale Bestimmung *(by John Lennon)* **erweitert** sind. Diese erweiterten Partizipien entsprechen einem **Relativsatz** (▶ 25). Nachgestellte Partizipien werden eher in der geschriebenen als in der gesprochenen Sprache verwendet.

⚠

The train standing at platform 4 is for York.
Der am Bahnsteig 4 stehende Zug fährt nach York.
(= Der Zug, der am Bahnsteig 4 steht, fährt nach York.)

The photos taken in the museum are too dark.
Die im Museum aufgenommenen Fotos sind zu dunkel.
(= Die Fotos, die im Museum aufgenommen wurden, sind zu dunkel.)

Anders als im Deutschen können erweiterte Partizipien im Englischen **nicht vor** dem **Nomen** stehen.

Die diskutierten Probleme sind nicht neu.
nicht: ~~The discussed problems~~ aren't new.
sondern: The problems discussed aren't new.

Häufig können auch einfache (d.h. nicht erweiterte) Partizipien nicht vor dem Nomen stehen. Es gibt dafür keine festen Regeln.

Anmerkung

Nadia hates **books**	**written** for girls. that **are written** for girls. that **were written** for girls. that **have been written** for girls.

Nadia kann für Mädchen geschriebene Bücher nicht ausstehen.

Jason's mother forgot **the presents**	**lying** on the table. that **lay** on the table. that **were lying** on the table.

Jasons Mutter vergaß die auf dem Tisch liegenden Geschenke.

Partizipien machen Sätze kürzer. Sie stehen
- für unterschiedliche Zeitformen *(are written, were written, have been written)*,
- für die einfache Form *(lay)* oder die Verlaufsform *(were lying)*.

Erweiterte Partizipien stehen nach dem Nomen:
the girl dancing with Joe =
das mit Joe tanzende Mädchen,
das Mädchen, das mit Joe tanzt(e)

.5–117 Partizipien nach bestimmten Verben Participles after certain kinds of verbs

115 Verben der Wahrnehmung + Objekt + Partizip Präsens/Infinitiv

a

	verb	object	present participle
Tina	saw	people	waiting in the street.
She	heard	girls	screaming.
She	noticed	U2	coming out of the hotel.
She	watched	them	getting into a car.

Tina sah Menschen auf der Straße warten.
Sie hörte Mädchen schreien.
Sie sah, wie (die Mitglieder der Rockgruppe) U2 aus dem Hotel kamen.
Sie beobachtete, wie/dass sie in ein Auto stiegen.

Nach Verben der Wahrnehmung wie *hear*, *listen to*, *notice* („bemerken"), *see*, *watch*, *smell* („riechen") und *feel* kann ein Objekt mit einem Partizip Präsens stehen.

Im Deutschen verwendet man dafür einen Infinitiv („warten", „schreien") oder einen Nebensatz mit „wie" oder „dass" („wie U2 aus dem Hotel kamen", „wie/dass sie in ein Auto stiegen").

'I can't smell anything burning. Are we eating out tonight?'

b Tina watched U2 leaving the hotel, when they were suddenly attacked by some fans.
Tina beobachtete, wie U2 gerade das Hotel verließen, als sie plötzlich von einigen Fans angegriffen wurden.

Das Partizip Präsens drückt aus, dass das wahrgenommene Geschehen gerade im Verlauf, also noch nicht zu Ende war.

	verb	object	infinitive
Tina	noticed	U2	pick up their instruments.
She	heard	them	say goodbye to the reporter.
Then she	watched	them	leave the hotel and drive off.

Tina sah, dass U2 ihre Instrumente nahmen.
Sie hörte, dass sie sich von dem Reporter verabschiedeten.
Dann sah sie, dass sie das Hotel verließen und wegfuhren.

Anstelle des Partizips Präsens kann auch der **Infinitiv ohne *to*** stehen *(pick up, say, leave, drive)*. Der Infinitiv drückt aus, dass das Geschehen vollständig (von Anfang bis Ende) wahrgenommen wurde, z.B. wenn man aufeinanderfolgende Vorgänge beobachtet.

116 *Verben der Ruhe und Bewegung + Partizip Präsens*

The actor sat hoping the interview would soon be over.
Der Schauspieler saß da und hoffte, dass das Interview bald vorüber sein würde.

We all stood looking at the map of the city.
Wir standen alle da und schauten auf den Stadtplan.

Polly's two dogs came running towards me.
Pollys zwei Hunde kamen auf mich zu gelaufen.

Das Partizip Präsens steht nach Verben der Ruhe wie *sit*, *stand*, *lie* und nach Verben der Bewegung wie *come* und *go*. Beachte die unterschiedliche Wiedergabe im Deutschen.

117 have + *Objekt* + *Partizip Perfekt*

	have	object	past participle
We often	have	a pizza	brought to the door.
Did you	have	your hair	cut?
Mr Fox	is having	his car	fixed.
Mrs Lew	has had	her eyes	tested.

Wir lassen uns oft eine Pizza kommen.
Hast du dir die Haare schneiden lassen?
Herr Fox lässt gerade sein Auto reparieren.
Frau Lew hat ihre Augen überprüfen lassen.

Mit *have something done* drückt man aus, dass jemand etwas (von jemand anderem) **machen lässt**, es also nicht selbst ausführt. Beachte, dass das Objekt zwischen *have* und dem Partizip Perfekt steht.

⚠

object: her hair

Lisa always has her hair cut at Marcel's.
(*simple present* von *have her hair cut*)
Lisa lässt ihre Haare immer bei Marcel schneiden.
(= Marcel macht es für Lisa.)

object: her hair

Ann has cut her hair herself.
(*present perfect* von *cut*)
Ann hat sich selbst die Haare geschnitten.

have something done =
etwas (von anderen) machen lassen

118 *Partizipien anstelle von Nebensätzen der Zeit*
Participles instead of subordinate clauses of time

a Hearing the good news, | we decided to celebrate.
When we heard the good news, | we decided to celebrate.
Als wir die gute Nachricht hörten, beschlossen wir zu feiern.

Travelling alone, | you meet more people.
While you are travelling alone, | you meet more people.
Wenn man allein reist, trifft man mehr Leute.

Asked to leave, | the man reacted angrily.
When he was asked to leave, | the man reacted angrily.
Als der Mann gebeten wurde zu gehen, reagierte er ärgerlich.

Eine Partizipialkonstruktion kann – vor allem im geschriebenen Englisch – einem Nebensatz der Zeit entsprechen.

> Anmerkung

Jane ran out of the house, **forgetting** her mobile.
Jane rannte aus dem Haus, wobei sie ihr Handy vergaß.

Feeling like the king of the world, Jason drove off in his new car.
Jason fuhr in seinem neuen Auto davon und fühlte sich dabei wie der Allergrößte.

Das Partizip Präsens kann auch die Begleitumstände einer Handlung beschreiben. Im Deutschen verwendet man dafür meist einen Nebensatz mit „wobei" oder „indem" oder einen Hauptsatz (oft mit „und").

b Pam noticed two police officers when leaving the bank.
Pam bemerkte zwei Polizisten, als sie die Bank verließ.
Vergleiche:
Pam noticed two police officers leaving the bank.
Pam sah, wie zwei Polizisten die Bank verließen.

Last week Jeremy met an old friend while looking for a job.
Jeremy traf letzte Woche bei der Stellensuche eine alte Freundin.
Vergleiche:
Last week Jeremy met an old friend looking for a job.
Jeremy traf letzte Woche eine alte Freundin, die eine Stelle suchte.

Manchmal müssen *when* oder *while* vor dem Partizip stehen, um die Bedeutung des Satzes klarzumachen.

119 *Partizipien anstelle von Nebensätzen des Grundes*
Participles instead of subordinate clauses of reason

Being a doctor, | Rod knows what to do in an emergency.
As he is a doctor, | Rod knows what to do in an emergency.
Da Rod Arzt ist, weiß er, was er im Notfall machen muss.

Not having a map, | we had to ask the way.
As we didn't have a map, | we had to ask the way.
Da wir keine Karte hatten, mussten wir nach dem Weg fragen.

Eine Partizipialkonstruktion kann – vor allem im geschriebenen Englisch – einem Nebensatz des Grundes entsprechen.

> Anmerkung

Having been to Spain before, | I want to go to Italy this year.
As I have been to Spain before, | I want to go to Italy this year.
Da ich in Spanien schon gewesen bin, will ich dieses Jahr nach Italien fahren.

Mit *having* + Partizip Perfekt *(having been)* drückt man aus, dass sich die Begründung auf die Vergangenheit bezieht.

KAPITEL

11 Die indirekte Rede Indirect speech

120 Direkte und indirekte Rede Direct and indirect speech*

Man kann auf zwei Arten wiedergeben, was jemand sagt oder gesagt hat:

(Mike will den Führerschein machen. Er erkundigt sich im Büro einer Fahrschule.)

Woman: 'Driving lessons are £15 an hour.'
Mike: 'Oh, I see. And how many lessons will I need?'
Woman: 'Well, that's hard to say. Most people take about 30 lessons with an instructor. But why don't you learn with a friend or parent at the same time? You won't need so many lessons then.'

instructor Fahrlehrer/in

- Mit der **direkten Rede** gibt man wörtlich wieder, was jemand sagt, schreibt oder denkt. Solche Sätze stehen meist in **Anführungszeichen**. ► 207c

Englisch:
'Driving lessons are £15 an hour,' said the woman.
oder:
"Driving lessons are £15 an hour," said the woman.

Deutsch: „…“
„Fahrstunden kosten 15 Pfund die Stunde“, sagte die Frau.

(Später berichtet Mike seinem Vater, was er in der Fahrschule erfahren hat:)

The woman told me that lessons were £15 an hour. So I asked her how many I would need. She said people usually took about 30 lessons with an instructor.
Die Frau sagte mir, die Stunde koste 15 Pfund. Also habe ich sie gefragt, wie viele Stunden ich brauchen würde. Sie sagte, die Leute würden meist 30 Stunden bei einem Fahrlehrer nehmen.

- Mit der **indirekten Rede** berichtet man mündlich oder schriftlich, was jemand gesagt, geschrieben oder gedacht hat.
Es werden **keine Anführungszeichen** verwendet.

But she also suggested driving with someone else.
Aber sie hat auch vorgeschlagen, mit jemand anderem zu fahren.

Oft verkürzt man Äußerungen der direkten Rede oder fasst sie mit einem geeigneten Verb (z.B. *suggest*) zusammen.

* Statt *indirect speech* sagt man auch *reported speech.*

A learner driver

121 *Einleitende Verben der indirekten Rede* *Reporting verbs*

Die indirekte Rede wird gewöhnlich durch bestimmte Verben eingeleitet (z.B. *he said, she told me, they asked* usw.). Welches Verb man verwendet, hängt z.B. davon ab, ob man eine Aussage oder eine Frage wiedergibt. Im Englischen steht nach dem Verb, das die indirekte Rede einleitet, **kein Komma**. ▶ 207 a ⚠

a The woman said (that) she had just passed her own driving test. She mentioned (that) she had been terribly nervous before the test.
Die Frau sagte, sie habe gerade erst ihre eigene Fahrprüfung bestanden. Sie erwähnte, dass sie vor der Prüfung sehr aufgeregt gewesen sei.

Zur Wiedergabe von **Aussagen** verwendet man außer *say* und *tell sb.* z.B. *add* („hinzufügen"), *agree* („zustimmen"), *answer* („antworten"), *begin* („beginnen"), *explain* („erklären"), *mention* („erwähnen"), *report* („berichten"), *shout* („rufen"), *write* („schreiben").
That („dass") wird oft **weggelassen** – vor allem nach *say* und *tell sb.*

Mike was sure (that) he would feel nervous too.
Mike war sicher, dass er auch aufgeregt sein würde.

Zur Einleitung von Gedanken und Meinungen verwendet man z.B. *be sure* („sicher sein"), *believe* („glauben"), *know* („wissen"), *think* („denken", „meinen").
Auch nach diesen Verben wird *that* oft weggelassen.

⚠

She said | She told Mike (that) the exam was quite hard.

Sie sagte (zu Mike), dass die Prüfung ziemlich schwierig sei/ist.

Auf ***say*** folgt gewöhnlich kein Personenobjekt. Nach *tell* muss man die Person nennen, der etwas gesagt wurde: ***tell sb.*** (ohne *to*!): *She told Mike/him/her/me/them/us …*

Wortstellung in Nebensätzen ▶ 13 a ⚠

b Mike wanted to know if the written test was difficult.
Mike wollte wissen, ob die schriftliche Prüfung schwierig sei/ist.

Zur Wiedergabe von **Fragen** verwendet man z.B. *ask* („fragen"), *want to know* („wissen wollen"), *wonder* („sich fragen", „gern wissen wollen"). ▶ 126

c The woman told Mike not to worry and advised him to learn the 'Highway Code'.
She asked him to fill in some forms.
Die Frau sagte Mike, er solle sich keine Sorgen machen, und riet ihm, die Straßenverkehrsordnung zu lernen.
Sie bat ihn, einige Formulare auszufüllen.

Zur Wiedergabe von **Aufforderungen** verwendet man meist einen *to*-Infinitiv, z.B. *tell sb. to do sth.* („jm. sagen, dass er/sie etwas tun soll").
Für Bitten verwendet man *ask sb.* („jd. bitten"), für Ratschläge *advise sb.* („jm. raten"), für Vorschläge *suggest* („vorschlagen"). ▶ 127

122–125 *Veränderungen in der indirekten Rede* *Changes in indirect speech*

122 *Übersicht*

a

In der indirekten Rede gibt es oft Veränderungen gegenüber der direkten Rede:

Di: 'I've lost my ticket.'
→ Di said she had lost her ticket.
Di hat gesagt, sie hat ihre Fahrkarte verloren.

- bei den **Personalpronomen** und **Possessivpronomen** *(I → she, my → her)*, ▶ 123

Di: 'I'll help you tomorrow.'
→ Di said yesterday she'd help me today.
Di hat gestern gesagt, sie würde mir heute helfen.

- bei **Zeitangaben** *(tomorrow → today)* und **Ortsangaben** wie *here, in this town* usw., ▶ 124

Di: 'I'm happy.'
→ Di said she was happy.
Di hat gesagt, sie sei/wäre glücklich.
Di hat gesagt, sie ist glücklich.

- bei den **Zeitformen** der Verben *(am → was)*. Die in der indirekten Rede verwendeten Zeitformen entsprechen oft einer deutschen Konjunktivform (z.B. „sei", „wäre", „würde sein", „hätte", „fände"). ▶ 125

b

Di: 'I'm happy.'
→ Di says she is happy.
Di sagt, sie ist glücklich.

Wenn die indirekte Rede durch ein Verb im *present tense* eingeleitet wird (z.B. *she says, he is saying, they write*), wird die Zeitform der direkten Rede nicht verändert.

123 *Veränderung der Pronomen*

Linda: 'Can I borrow your moped, Susan?'
→ Susan berichtet ihrem Bruder:
Linda asked me if she could borrow my moped.
→ Linda berichtet ihrem Vater:
I asked Susan if I could borrow her moped.

Die Veränderung der Pronomen in der indirekten Rede hängt davon ab, **wer berichtet**:
Susan erzählt ihrem Bruder, was Linda sie gefragt hat. Deshalb verwendet sie *she (= Linda)* statt *I* und *my moped* statt *your moped*.
Linda erzählt ihrem Vater, was sie Susan gefragt hat. Sie verwendet daher *I* und *her moped*.

'It's your sister, Bob. She says she wants to talk to you.' *'Tell her I'm not here.'*

'Bob says he isn't here.'

124 *Veränderung von Zeitangaben und Ortsangaben*

a

Andy ruft am Sonntag bei Tracy an:
Andy: 'I'll give you your CDs back tomorrow, Tracy.'

→ Zwei Stunden später erzählt Tracy ihrer Schwester:
Andy called two hours ago. He said he'd give me my CDs back tomorrow.

Die Veränderung von Zeitangaben in der indirekten Rede hängt davon ab, **wann** man **berichtet**:

Im ersten Beispiel bleibt *tomorrow* unverändert, weil Tracy noch am Sonntag berichtet, was Andy gesagt hat.

→ Am Montag (also einen Tag später) in der Schule sagt Tracy zu ihrer Freundin:
Andy called yesterday. He said he'd give me my CDs back today.

Im zweiten Beispiel wird *tomorrow* zu *today*, weil jetzt bereits Montag ist.

→ Am Freitag (also fünf Tage später) stellt Tracy Andy zur Rede:
Where are my CDs?
When you called me on Sunday, you said you'd give them back to me the following day/ on Monday.

Im dritten Beispiel – am Freitag – sagt Tracy *the following day* („am nächsten Tag") oder *on Monday* und bezieht sich damit auf den vergangenen Montag.

b

now	→	then, at that time, at that moment
today	→	(on) that day, yesterday
this week	→	that week
yesterday	→	the day before
three days ago	→	three days before
last week	→	the week before
tomorrow	→	the next day, the following day, today
next month	→	the next month, the following month, a month later

Die Übersicht links zeigt mögliche Veränderungen von Zeitangaben in der indirekten Rede.
Beachte: Diese Veränderungen können nicht schematisch durchgeführt werden. Da hilft nur mitdenken.

Oft nennt man in der indirekten Rede den konkreten Wochentag, Monat usw., der gemeint war:
Statt *the day before* sagt man z.B. *on Monday* oder *last Monday*. Statt *the following month* sagt man z.B. *in June* usw.

c Ken ruft aus dem Urlaub in York bei Nicola (in York) und bei Frank (in London) an:
Ken: 'I like it here.'

→ Nicola sagt in York zu ihrem Mann:
Ken phoned. He said he liked it here (in York).

→ Frank sagt in London zu seiner Frau:
Ken phoned from York. He said he liked it there.

Ortsangaben müssen in der indirekten Rede manchmal verändert werden, wenn man **an einem anderen Ort berichtet**.
Auch hier hilft nur mitdenken.

125 *Veränderung der Zeitformen*

Wenn das **einleitende Verb im *past tense*** steht (z.B. *she said, he added*), werden in der indirekten Rede meist andere Zeitformen verwendet als in der direkten Rede: Die **Zeitformen** der direkten Rede werden um eine Zeitstufe in die Vergangenheit **„zurückverschoben"** *(backshift of tenses)*. Beispiel: Aus *present* wird *past*.

a Max: 'I'm in New York for a few days.'
→ Max said he was in New York for a few days.
Max sagte, er sei für ein paar Tage in New York.

Max: 'I'm having a really good time.'
→ Max said he was having a really good time.
Max sagte, es ginge ihm da sehr gut.

am/is/are* → *was/were
Beachte, dass sich die Vergangenheitsform *was* in *Max said he was …* auf die Gegenwart bezieht (nicht auf die Vergangenheit).

b Max: 'I've met lots of interesting people.'
→ Max said he had met lots of interesting people.
Max sagte, er habe viele interessante Leute kennengelernt.

have/has* → *had

c Max: 'I like the city.'
→ Max said he liked the city.
Max sagte, die Stadt gefalle ihm.

present tense* → *past tense
Beachte, dass sich die Vergangenheitsform *liked* in *Max said he liked …* auf die Gegenwart bezieht (nicht auf die Vergangenheit).

d Max: 'I saw Bruce Willis in Central Park. But I didn't talk to him.'
→ Max said he had seen Bruce Willis in Central Park but he hadn't talked to him.
Max sagte, er habe Bruce Willis im Central Park gesehen, aber er habe nicht mit ihm gesprochen.

past tense* → *past perfect

Anmerkungen

1 Max: 'I **landed** in New York at 6 in the morning.'
→ Max said he **landed** in New York at 6 in the morning.
→ Max said he **had landed** in New York at 6 in the morning.
Max sagte, er sei um 6 Uhr morgens in New York gelandet.

Im informellen Englisch werden *past tense*-Formen der direkten Rede oft beibehalten (d.h. nicht ins *past perfect* verändert), wenn die Zeitverhältnisse eindeutig sind.

2 Max: 'I couldn't take any photos of the Empire State Building because I **had forgotten** my camera.'
→ Max said he couldn't take any photos of the Empire State Building because he **had forgotten** his camera.
Max sagte, er konnte das Empire State Building nicht fotografieren, weil er seinen Fotoapparat vergessen hatte.

Verben im *past perfect* bleiben immer unverändert. (Das *past perfect* kann nicht weiter „zurückverschoben" werden!)

e Max: 'I'll probably need some more money.'
→ Max said he would probably need some more money.
Max sagte, er würde wahrscheinlich mehr Geld brauchen.

will* → *would

⚠

Max sagte, er würde New York teuer finden.
nicht: Max said he ~~would find~~ New York expensive.
sondern: Max said he found New York expensive.

Das deutsche „würde" kann sich auch auf die Gegenwart beziehen. *Would* in der indirekten Rede wird jedoch nur mit Bezug auf die Zukunft verwendet.

f Max: 'I can't wait to go to Broadway.'
→ Max said he couldn't wait to go to Broadway.
Max sagte, er könne es kaum erwarten, zum Broadway zu gehen.

can* → *could

Max: 'I may go to see the musical *Cats* on Friday.'
→ Max said he might go to see the musical *Cats* on Friday.
Max sagte, er würde sich am Freitag vielleicht das Musical Cats *ansehen.*

may* → *might

g Max: 'I would like to go to Harlem on Sunday.'
→ Max said he would like to go to Harlem on Sunday.
Max sagte, er möchte am Sonntag nach Harlem gehen.

***Would*, *could*, *might*, *should*, *ought to* und *must* bleiben unverändert.**

Max: 'I must change some more money.'
→ Max said he must change some more money.
Max sagte, er müsse noch etwas Geld umtauschen.

Anmerkungen

1 Max: 'I **must** change some more money.'
→ Max said he **had to** change some more money.
Max sagte, er müsse noch etwas Geld umtauschen.

Statt *must* wird in der indirekten Rede manchmal *had to* verwendet. ▶ 35

2 Max: 'My sister **is** married.'
→ Max said his sister **is** married.
Max sagte, seine Schwester ist verheiratet.
→ Max said his sister **was** married.
Max sagte, seine Schwester sei/wäre verheiratet.

Die Zeitformen der direkten Rede können unverändert bleiben, wenn man Aussagen wiedergibt, die zum Zeitpunkt ihrer Wiedergabe noch zutreffen (z.B. dass Mikes Schwester verheiratet ist). Die Veränderung der Zeitformen nach einem Verb im *past tense* ist aber nie falsch.

Zeitformen der Vollverben ▶ vordere Umschlagklappe

Indirekte Rede:
Die Zeitform der direkten Rede wird um eine Zeitstufe in die Vergangenheit zurückverschoben, z.B. „is" → „was".

126 *Fragen in der indirekten Rede* Questions in indirect speech

Reporter: 'What's the title of your new album, Geri?'
⟶ The reporter asked Geri what the title of her new album was.
Der Reporter fragte Geri, wie ihr neues Album heiße/heißt.

Wenn das einleitende Verb im *past tense* steht (z.B. *asked, wanted to know, wondered*), wird die Zeitform der direkten Frage genauso „zurückverschoben" wie bei Aussagen. ► 125

Reporter: 'When will the album be in the shops?'
⟶ The reporter wanted to know when the album would be in the shops.
Der Reporter wollte wissen, wann man das Album kaufen könne.

Fragewörter (*how, what, when, where* usw.) werden in der indirekten Frage beibehalten.

Reporter: 'Are there any plans for another world tour?'
⟶ The reporter wondered if/whether there were any plans for another world tour.
Der Reporter überlegte, ob es schon Pläne für eine neue Welttournee gäbe/gibt.

Wenn in der direkten Frage **kein Fragewort** steht („Entscheidungsfrage"), wird die indirekte Frage mit ***if*** oder ***whether*** („ob") eingeleitet.

!

	subject	verb	
'Where does	Fiona	live?'	
⟶ I asked where	Fiona	lived.	
Ich habe gefragt, wo Fiona wohnt.			
Aussagesatz:	Fiona	lives	here.
'Did	Moira	meet	Jim?'
⟶ I asked if	Moira	had met	Jim.
Ich habe gefragt, ob Moira Jim getroffen hat.			
Aussagesatz:	Moira	met	Jim.

Die Wortstellung in indirekten Fragesätzen ist wie in Aussagesätzen: ***subject – verb***. ► 3
Do/Does/Did wird nicht verwendet.

Wie im Deutschen steht nach indirekten Fragesätzen kein Fragezeichen.

Wortstellung in direkten Fragesätzen ► 5, 6
Fragewort + *to*-Infinitiv in indirekten Fragesätzen ► 96

'It's your boss. He wants to know why you're not at work.'

Wortstellung in indirekten Fragen wie in Aussagesätzen: Subjekt - Prädikat (kein „do/does/did"!)

127 *Aufforderungen in der indirekten Rede* *Commands in indirect speech*

a Father: 'Take your mobile with you, Jenny.'
⟶ Jenny's father told her to take her mobile with her.
⟶ Jenny's father told her that she should take her mobile with her.
Jennys Vater hat zu Jenny gesagt, sie solle/soll ihr Handy mitnehmen.

Mother: 'Don't pack too many clothes.'
⟶ Jenny's mother told her not to pack too many clothes.
⟶ Jenny's mother told her that she shouldn't pack too many clothes.
Jennys Mutter hat ihr gesagt, sie solle nicht zu viele Kleidungsstücke einpacken.

Aufforderungen und **Verbote** werden in der indirekten Rede meist mit einem *to*-Infinitiv wiedergegeben:
- *tell sb. to do sth.* („jm. sagen, dass er/sie etwas tun soll/solle/sollte"),
- *tell sb. not to do sth.* („jm. sagen, dass er/sie etwas nicht tun soll/solle/sollte").

Anstelle des *to*-Infinitivs kann auch ein *that*-Satz mit *should* stehen.

b Jenny: 'Can/Could/Would you give me your bag for my trip, Dad?'
⟶ Jenny asked her father to give her his bag for her trip.
Jenny bat ihren Vater, ihr seine Tasche für die Reise zu geben.

Mother: 'If I were you, I'd take a rucksack.'
⟶ Jenny's mother advised her to take a rucksack.
Jennys Mutter riet ihr, einen Rucksack mitzunehmen.

Bitten und **Ratschläge** werden meist mit *ask* oder *advise* wiedergegeben:
- *ask sb. to do sth.* („jd. bitten, etwas zu tun"),
- *advise sb. to do sth.* („jm. raten, etwas zu tun").

Die verneinten Formen lauten
- *ask sb. not to do sth.* bzw.
- *advise sb. not to do sth.*

Verben + Objekt + *to*-Infinitiv ► 93

c Father: 'Let's leave after breakfast.'
⟶ Jenny's father suggested leaving after breakfast.
Jennys Vater schlug vor, nach dem Frühstück zu fahren.
⟶ Jenny's father suggested that they should leave after breakfast.
Jennys Vater schlug vor, sie sollten nach dem Frühstück fahren.

Vorschläge werden meist mit *suggest* wiedergegeben:
- *suggest doing sth.* („vorschlagen, etwas zu tun"),
- *suggest (that) sb. should do sth.* („vorschlagen, dass jd. etwas tun soll/solle/sollte").

⚠ !

Jenny schlug vor, früh loszufahren.
nicht: Jenny suggested ~~to leave~~ early.
sondern: Jenny suggested leaving early.

Nach *suggest* darf **kein Infinitiv** stehen. ► 105 a

Indirekte Aufforderungen:
tell/ask somebody to do something

KAPITEL

12 Das Nomen *The noun*

128 Das Geschlecht der Nomen *The gender of nouns*

a

the man	the woman	the game
der Mann	*die Frau*	*das Spiel*

Englische Nomen haben kein grammatisches Geschlecht, das man am Artikel erkennen kann.

The man said he didn't know who'd hit him.
The woman woke up. She opened her eyes.

- Für **Personen** verwendet man die Pronomen *he/him/his* bzw. *she/her/hers*.

Where's the game? – I put it back in its box.

- Für **Dinge** verwendet man die Pronomen *it/its*.

Pronomen für Tiere ► 152b

b

Where's your friend? – He's in his room.
Wo ist dein Freund? – Er ist in seinem Zimmer.

Have you met the new teacher?
– Yes, she's very nice. I really like her.
Hast du die neue Lehrerin schon kennengelernt?
– Ja, sie ist sehr nett. Ich mag sie sehr.

Cindy's dream is to become a singer.
Cindys Traum ist es, Sängerin zu werden.

Anders als im Deutschen werden die meisten Personenbezeichnungen unverändert für **männliche** und für **weibliche Personen** verwendet. *Friend* bedeutet zum Beispiel sowohl „Freund“ als auch „Freundin“. Ob es sich um eine männliche oder um eine weibliche Person handelt, wird erst aus dem Zusammenhang klar, z.B. durch Pronomen (*he/him/his* bzw. *she/her*) oder durch Eigennamen (*Cindy, Mr Taylor*).

Anmerkungen

1 If **a student** needs help with **his or her** work, **he or she** should ask **his or her** teacher.
= If **a student** needs help with **their** work, **they** should ask **their** teacher.
Schüler/innen, die Hilfe bei der Arbeit brauchen, sollten ihren Lehrer oder ihre Lehrerin fragen.

Statt der etwas umständlichen Wendungen *he or she, him or her, his or her* verwendet man meist die Pluralformen *they, them* und *their*.

2 At this school there are more **female teachers** than **male teachers**.
An dieser Schule gibt es mehr Lehrerinnen als Lehrer.

Manchmal verwendet man die Adjektive *male* („männlich“) bzw. *female* („weiblich“), um deutlich zu machen, ob eine männliche oder eine weibliche Person gemeint ist.

c How many firefighters fought the fire?
Wie viele Feuerwehrleute haben das Feuer bekämpft?

You should ask Mrs Lee, the headteacher.
Sie sollten Frau Lee, die Schulleiterin, fragen.

Jane is a flight attendant with British Airways.
Jane ist Flugbegleiterin bei British Airways.

Statt männlicher und weiblicher Berufsbezeichnungen wie *fireman, policeman/policewoman, headmaster, stewardess* verwendet man oft ein **neutrales Wort**:

firefighter	Feuerwehrmann/-frau
police officer	Polizist/in
headteacher	Schulleiter/in
flight attendant	Flugbegleiter/in
spokesperson	Sprecher/in

129 *Regelmäßige Pluralbildung auf -s* *Regular plurals in -s*

a

singular	plural
hat	hats
tree	trees

Bei den meisten Nomen bildet man den Plural (die Mehrzahl), indem man ein **-s an den Singular** hängt.

bag [-g]	bags	[-z]
van [-n]	vans	
pea [-iː]	peas	

Nach einem stimmhaften (weichen) Laut spricht man das -s „gesummt“: [-z].

map [-p]	maps	[-s]
ticket [-t]	tickets	
book [-k]	books	

Nach den stimmlosen (harten) Lauten [-p], [-t], [-k], [-f], [-θ] spricht man das -s „scharf“: [-s].

b

singular	plural	
bus [-s]	buses	[-ɪz]
nose [-z]	noses	
watch [-tʃ]	watches	
dance [-s]	dances	

Nach den **Zischlauten** [-s], [-z], [-ʃ], [-tʃ], [-dʒ] hängt man ***-es*** [-ɪz] an.

Wenn das Nomen auf -e endet, hängt man nur ein -s an. Beachte die Aussprache von *house* [-s], *houses* [-zɪz].

c

singular	plural
family	families
party	parties

Bei Nomen, die auf einen Konsonanten + *y* enden, schreibt man im Plural ***-ies***.
Aber -*y* nach Vokal bleibt -*y*: *days, boys*.

d

singular	plural
half	halves
knife	knives

Bei Nomen, die auf *-f* oder *-fe* enden, bildet man den Plural meist mit ***-ves*** [-vz]. – Aber: *roofs* [-fs] („Dächer“).

⚠!

potato	potatoes
tomato	tomatoes
hero	heroes

Merke dir die Schreibungen *potatoes, tomatoes* und *heroes*.
Aber regelmäßig: *biros, discos, photos, radios* usw.

Schreibung und Aussprache der -s-Form der 3. Person Singular ▶ 54

130 *Unregelmäßige Pluralbildung* *Irregular plurals*

a

singular	plural	
child [tʃaɪld]	children ['tʃɪldrən]	*Kinder*
man [mæn]	men [men]	*Männer*
woman ['wʊmən]	women ['wɪmɪn]	*Frauen*
person ['pɜːsn]	people ['piːpl]	*Menschen*
foot [fʊt]	feet [fiːt]	*Füße*
tooth [tuːθ]	teeth [tiːθ]	*Zähne*
mouse [maʊs]	mice [maɪs]	*Mäuse*
goose [guːs]	geese [giːs]	*Gänse*
penny ['peni]	pence [pens]	*Pence*

Einige Nomen haben eine besondere Pluralform: **ohne -s**.

b

singular	plural	
fish	fish	*Fische*
sheep	sheep	*Schafe*
grapefruit	grapefruit	*Grapefruits*
series ['sɪəriːz]	series	*Serien*

Einige Nomen haben im Singular und im Plural dieselbe Form.

131 *Nomen, die nur im Plural verwendet werden* *Plural nouns*

a

„Paarwörter" *(pair nouns)* bezeichnen Dinge, die aus zwei gleichartigen Hälften bestehen:

glasses	Brille
headphones	Kopfhörer
scissors ['sɪzəz]	Schere
trousers (BE), pants (AE)	(lange) Hose(n)
shorts	kurze Hose(n), Shorts
leggings	Leggin(g)s
jeans	Jeans
pyjamas [pə'dʒɑːməz]	Schlafanzug
swimming trunks	Badehose

My sister has bought some new glasses.
Meine Schwester hat sich eine neue Brille gekauft.

My white trousers are dirty. – Then wash them.
Meine weiße Hose ist schmutzig. – Dann wasch sie!

These are *my* pyjamas, not *yours*.
Das ist mein *Schlafanzug, nicht* deiner.

Paarwörter werden nur im Plural verwendet. Sie dürfen nicht mit *a/an* oder *one/two/three* verbunden werden.

I've packed a pair of shorts and two pairs of trousers.
Ich habe eine kurze und zwei lange Hosen eingepackt.

Wenn man eine bestimmte Anzahl eines Paarwortes nennen will (z.B. „genau eine Hose", „zwei Hosen"), muss man *a/one pair of*, *two pairs of* usw. vor das Paarwort setzen.

b Why are your clothes always so dirty?
Warum ist deine Kleidung immer so schmutzig?

These stairs aren't very safe.
Diese Treppe ist nicht sehr sicher.

Many thanks for all your help.
Vielen Dank für all eure Hilfe.

Außer Paarwörtern werden auch folgende englische Nomen nur im Plural verwendet:

clothes [kləʊðz]	Kleidung, Kleider
congratulations [kənˌɡrætʃu'leɪʃnz]	Glückwunsch/ Glückwünsche
stairs	Treppe(nstufen)
surroundings	Umgebung
thanks	Dank

'Congratulations! He seems very bright.'

bright schlau, gescheit

132 *Gruppenbezeichnungen* *Group nouns*

a Why are there so many people here?
Warum sind hier so viele Leute?

The police have interviewed the suspect, haven't they?
Die Polizei hat doch den Verdächtigen befragt, oder nicht?

Die Gruppenbezeichnungen ***people*** („Leute", „Menschen") und ***the police*** („die Polizei", „die Polizeibeamten") werden immer als **Plural** verwendet.

Anmerkung

Not only the French are **a** food-loving **people**.
Nicht nur die Franzosen sind ein Volk, das das Essen liebt.

The **peoples** of Europe **have** often been at war.
Die Völker Europas haben oft Krieg geführt.

People kann auch „Volk" heißen. In dieser Bedeutung hat es eine Singularform und eine regelmäßige Pluralform mit -s.

b Class 8 is visiting its French partner school. / Class 8 are visiting their French partner school.
Die Klasse 8 besucht ihre französische Partnerschule.

Bei anderen Gruppenbezeichnungen (z.B. *class, family, club, band, orchestra, team*) können das Verb und ein folgendes Pronomen sowohl im Singular als auch im Plural stehen.

Anmerkung

The **orchestra has** lost some of **its** members.
Das Orchester hat einige seiner Mitglieder verloren.

Wenn man an die Gruppe als Einheit denkt, verwendet man den Singular.

The **orchestra have** just finished **their** last piece.
Das Orchester hat gerade sein letztes Stück beendet.

Wenn man an die einzelnen Mitglieder der Gruppe denkt, verwendet man eher den Plural.

Amerikanisches Englisch ▶ 204

133 *Nicht zählbare Nomen* *Uncountable nouns*

a plastic, coffee, water, paper, sugar, air, rubbish, music, traffic, fun, luck

I need some sugar. – How much sugar do you want?
Ich brauche (etwas) Zucker. – Wie viel Zucker willst du?

Nomen wie *plastic, coffee* usw. bezeichnen Dinge, die man nicht zählen kann.
Nicht zählbare Nomen haben **keinen Plural** und dürfen **nicht** mit *a/an* oder *one/two/three* verbunden werden.

Mengenbez. bei nicht zählbaren Nomen ► 165 a, 166 a/b, 167 a

b a piece of plastic
ein Stück Plastik

a cup of coffee
eine Tasse Kaffee

a kilo of sugar
ein Kilo Zucker

some packets of spaghetti
einige Packungen Spaghetti

Will man eine bestimmte Menge eines nicht zählbaren Nomens bezeichnen, muss man eine Mengenangabe wie *a piece/bit of, a bottle/cup of, a kilo of, some packets of* vor das Nomen setzen.

c Maria's advice was a real help.
Marias Rat war eine echte Hilfe. /
Marias Ratschläge waren eine echte Hilfe.

There is no new evidence against the man.
Es gibt keine neuen Beweise gegen den Mann.

I don't like this furniture. I think it's too modern.
Ich mag diese Möbel nicht. Ich finde sie zu modern.

Your hair looks nice. I like it.
Deine Haare (= deine Frisur) sehen schön aus.
Sie gefallen mir.

Five exercises? That's too much homework!
Fünf Übungen? Das sind zu viele Hausaufgaben!

This information is very interesting.
Diese Information ist sehr interessant. /
Diese Informationen sind sehr interessant.

Folgende Nomen sind – anders als die entsprechenden deutschen Wörter – nicht zählbar. Sie stehen also **nur im Singular** und dürfen nicht mit *a/an* oder *one/two/three* verbunden werden.

advice [əd'vaɪs]	Rat, Ratschläge
damage ['dæmɪdʒ]	Schaden, Schäden
equipment	Ausrüstung, Geräte
evidence ['evɪdəns]	Beweis(e)
furniture ['fɜːnɪtʃə]	Möbel
hair	Haar(e)
homework	Hausaufgabe(n)
housework	Hausarbeit(en) (= Arbeit im Haushalt)
information	Information(en)
knowledge ['nɒlɪdʒ]	Wissen, Kenntnis(se)
progress ['prəʊgres]	Fortschritt(e)
shopping	Einkauf, Einkäufe

Thanks, that's an interesting piece of information.
Danke, das ist eine interessante Information.

Wenn man eine bestimmte Menge oder Zahl bezeichnen will, kann man vor einige dieser Nomen *a piece of, two pieces of* usw. setzen.

d No news is good news.
Keine Nachrichten sind gute Nachrichten.

I think politics is sometimes difficult to understand.
Ich finde, Politik ist manchmal schwer zu verstehen.

The United States/USA is a rich country.
Die Vereinigten Staaten/USA sind ein reiches Land.

Folgende Nomen werden trotz der Pluralendung -s als **Singulare** verwendet:

aerobics	Aerobic
maths (BE)	Mathe
news	Nachricht(en)
physics	Physik
politics ['pɒlətɪks]	Politik
the United States/USA	die Vereinigten Staaten/USA

Nicht zählbare Nomen:
- *kein Plural*
- *nicht mit „a/an" oder „one/two/three"*

134–135 Der s-Genitiv The possessive form

134 Bildung

singular:	Mrs Dally's [-z] handbag my aunt's [-s] family Liz's [-ɪz] sister	An ein Nomen im Singular wird ein **'s** angehängt. Für die Aussprache des 's gelten dieselben Regeln wie beim Plural-s. ▶ 129 a/b
plural:	our friends' [-z] dog the students' [-s] room the Joneses' [-ɪz] villa	An eine Pluralform auf *-s* oder *-es* wird nur ein **Apostroph** (') angehängt, also kein zweites *s*.
	the children's [-z] clothes the women's [-z] faces	An eine unregelmäßige Pluralform (▶ 130 a) wird ein **'s** angehängt.

the runner's trainer

the runners' trainer

135 Gebrauch

a This is my sister's CD collection.
Das ist die CD-Sammlung (von) meiner Schwester.

Who is the children's favourite teacher?
Wer ist der Lieblingslehrer der Kinder?

Can you tell me the dog's name?
Kannst du mir den Namen des Hundes sagen?

Mit dem *s*-Genitiv drückt man aus, **zu wem** etwas oder jemand **gehört**. Man verwendet den *s*-Genitiv für Personen *(my sister, the children)* oder Tiere *(the dog)*.

b Is there a baker's (shop) near here?
Ist hier in der Nähe ein Bäcker/eine Bäckerei?

We went to a party at the Baxters' (house).
Wir sind auf eine Party bei den Baxters gegangen.

Why don't you go to the doctor's/the doctor?
Warum gehst du nicht zum Arzt?

Man verwendet den *s*-Genitiv für bestimmte Ortsangaben (z.B. Geschäfte sowie Häuser oder Wohnungen von Bekannten), weil man *shop*, *house* usw. in diesen Fällen ergänzen kann.

Bei *the doctor*, *the baker*, *the hairdresser* („Friseur") lässt man das 's oft weg.

Anmerkung

Have we still got **yesterday's** newspaper?
Haben wir noch die Zeitung von gestern/die gestrige Zeitung?

We've booked a **four weeks'** holiday.
Wir haben einen vierwöchigen Urlaub gebucht.

Zeitangaben wie *yesterday*, *today*, *last month* und Angaben der Dauer wie *an hour* oder *four weeks* können als *s*-Genitiv vor dem Nomen stehen, auf das sie sich beziehen.

s-Genitiv: meist für Personen (the girl's name)

136 *Die of-Fügung* *The of-phrase*

a

The doors of the church were open, so I looked in.
Die Türen (von) der Kirche standen offen, …

I don't think the end of the world is near.
Ich glaube nicht, dass das Ende der Welt bevorsteht.

I like the colour of your eyes.
Mir gefällt die Farbe deiner Augen.

Wenn zwei **Sachen** (z.B. *the doors* + *the church*) zusammengehören, wird die *of*-Fügung verwendet.

Anmerkung

Britain's population = the population **of Britain**
die Bevölkerung Großbritanniens

the company's products = the products **of the company**
die Produkte der Firma

Für Sachbezeichnungen wie Länder, Städte oder Organisationen kann statt der *of*-Fügung auch der *s*-Genitiv verwendet werden, weil ein Land, eine Stadt usw. auch eine Gruppe von Personen ist.

b

a piece of cake
ein Stück Kuchen

half a pound of cheese
ein halbes Pfund Käse

two kilos of sugar
zwei Kilo Zucker

five bottles of milk
fünf Flaschen Milch

Die *of*-Fügung wird in **Maßangaben** und in **Mengenangaben** verwendet.

a pair of ▶ 131 a
Mengenangaben bei nicht zählbaren Nomen ▶ 133 b/c

c

a member of the team
ein Mitglied des Teams

this kind of dog
diese Art (von) Hund

a picture/photo of Ben
ein Bild/Foto von Ben (= … auf dem Ben zu sehen ist)

a postcard of Rome
eine Postkarte von Rom

at the age of 18
im Alter von 18 Jahren

a tour of Chester
ein Rundgang durch Chester

the city of Glasgow
die Stadt Glasgow

the month of May
der Monat Mai

5th May = the fifth of May
5. Mai = der fünfte Mai

Die *of*-Fügung steht in bestimmten **Wendungen**.

Anmerkung

Rose is **a friend of Naomi's**. (= Rose is one of Naomi's friends.)
Rose ist eine von Naomis Freundinnen.

Kevin is **a cousin of my father's**.
Kevin ist ein Cousin von meinem Vater.

Mrs Maddox is **a customer of ours**.
Frau Maddox ist eine Kundin von uns.

Mit Wendungen wie *a friend of Naomi's*, *a cousin of my father's*, *a customer of ours* drückt man aus, dass es sich um einen/eine von mehreren Freunden/Freundinnen, Cousins/Cousinen, Kunden/Kundinnen usw. handelt.
Beachte, dass in solchen Wendungen das Possessivpronomen (▶ 154) verwendet wird:
a friend of mine/of yours/of his/of hers/of ours/of theirs.

of-Fügung:
meist für Sachen (the name of the game)

KAPITEL

13 Der Artikel *The article*

7–143 *Der bestimmte Artikel* *The definite article*

137 *Form und Aussprache*

Der bestimmte Artikel heißt immer ***the***:

the [ðə] ball the [ðə] hot potato the [ðə] museum	*der Ball* *die heiße Kartoffel* *das Museum*	• Vor einem Wort, das mit einem **Konsonanten** beginnt (z.B. mit *b, d, t, f, g, h, m*), lautet die Aussprache [ðə].
the [ði] eggs the [ði] old bike the [ði] uncle	*die Eier* *das alte Fahrrad* *der Onkel*	• Vor einem Wort, das mit einem **Vokal** beginnt (also mit *a, e, i, o* oder *u*), lautet die Aussprache [ði].

!

the Euro [ðə 'jʊərəʊ] the unit [ðə 'juːnɪt]	*der Euro* *das Kapitel, die Einheit*	• Die Aussprache von *Euro* und *unit* beginnt mit dem **Konsonanten** [j]. Daher sagt man [ðə], nicht [ði].
the hour [ði‿'aʊə] the MP [ði‿ˌem'piː] (= the Member of Parliament)	*die Stunde* *der/die Abgeordnete*	• Die Aussprache von *hour* und *MP* beginnt mit einem **Vokal**: [aʊ] bzw. [e]. Daher sagt man [ði], nicht [ðə].

Form des unbestimmten Artikels ▶ 144

138 the *bei abstrakten Nomen, Stoffbezeichnungen und Nomen im Plural*

We can learn a lot from history. *Wir können viel aus der Geschichte lernen.*	What do you know about the history of the Jews? *Was weißt du über die Geschichte der Juden?*	**Ohne** *the* stehen Nomen, wenn sie ganz **allgemein gebraucht** werden.
Bread is cheap here. *(Das) Brot ist hier billig.*	I like the bread that we bought. *Mir schmeckt das Brot, das wir gekauft haben.*	Nur wenn eine **nähere Bestimmung** folgt, z.B. eine *of*-Fügung *(of the Jews)* oder ein Relativsatz *(that we bought)*, stehen die Nomen **mit** *the*.
I think people are funny. *Ich finde, die Leute sind komisch.*	The people in that house are funny. *Die Leute in diesem Haus sind komisch.*	Das gilt insbesondere für: • abstrakte Nomen (z.B. *life, death, history, nature* ['neɪtʃə]), • Stoffbezeichnungen (z.B. *bread, water, glass*), • Nomen im Plural (z.B. *people, cars, prices*).

Kein „the" bei ganz allgemein gebrauchten Nomen!

139 the *bei* church, school, prison, hospital, university, college

a

My parents go to church every Sunday.
Meine Eltern gehen jeden Sonntag in die Kirche.

The children are still at school.
Die Kinder sind noch in der Schule.

You can go to prison for drink-driving.
Man kann ins Gefängnis kommen, wenn man betrunken Auto fährt.

Ohne *the* stehen *church, school, prison, hospital, university, college*, wenn man an den **Zweck**/die Funktion **des Gebäudes** denkt:

go to church (zum Gottesdienst),
be at school (Unterricht haben; Schüler/in sein),
go to prison (um eine Strafe zu verbüßen),
be in hospital (weil man krank ist).

b

There's a meeting in the church tomorrow.
Morgen findet in der Kirche eine Versammlung statt.

Turn left at the school.
Bieg an der Schule links ab!

Jake went to the prison to visit his brother.
Jake ging zum Gefängnis, um seinen Bruder zu besuchen.

Mit *the* stehen *church, school, prison, hospital, university, college*, wenn man nur an das **Gebäude** und nicht an seinen Zweck denkt:

the church (eine bestimmte Kirche),
the school (ein bestimmtes Schulgebäude),
the prison (ein bestimmtes Gefängnis),
the hospital (ein bestimmtes Krankenhaus).

Amerikanisches Englisch ▶ 205

140 the *bei Eigennamen*

a

Ohne *the* stehen:

Lake Constance ['kɒnstəns] is Europe's biggest lake.
Der Bodensee ist der größte See Europas.

Kilimanjaro is the highest mountain in Africa.
Der Kilimandscharo ist der höchste Berg Afrikas.

- Seen und die meisten Berge,

along Fifth Avenue, to Battery Park, near Trafalgar Square, on Tower Bridge
die Fifth Avenue entlang, zum Battery-Park, in der Nähe des Trafalgar Square, auf der Tower Bridge

- die meisten Namen von Straßen, Parks, Plätzen und Brücken,

in St Paul's Cathedral, outside Buckingham Palace, arrive at Waterloo Station
in der St.-Pauls-Kathedrale, vor dem Buckingham-Palast, an der Waterloo Station ankommen

- viele Gebäude,

big Dave, poor Abby, modern America
der große Dave, die arme Abby, das heutige Amerika

- Eigennamen, denen ein Adjektiv vorausgeht.

b

Mit *the* stehen:

the Blairs, the Rocky Mountains, the Alps

- Eigennamen im Plural,

the Rhine, the Pacific Ocean, the Red Sea

- Flüsse und Meere,

the British Museum, the Globe Theatre, the Palace (Cinema), the Ritz (Hotel)

- die meisten Namen von Museen, Theatern, Kinos und Hotels,

the Bank of England, the Tower of London

- Fügungen mit *of*.

141 the *bei Zeitangaben*

a

Folgende Zeitangaben stehen meist **ohne** *the*:

in May; on Thursday (evening), last Saturday
im Mai; am Donnerstag(abend), am letzten Samstag

- Monate und Wochentage
[aber: *at the weekend* („am Wochenende")],

It often gets cold at night in the desert.
In der Wüste wird es nachts oft kalt.

- *at night* („nachts") und *by day* („tagsüber")
[aber: *during/in + the*: *during the day* („am Tage"), *in the morning* („am Morgen")],

at breakfast; after lunch
beim Frühstück; nach dem Mittagessen

- Mahlzeiten.

b

The child died on the Friday after the accident.
Das Kind ist am Freitag nach dem Unfall gestorben.

Mit *the* stehen Zeitangaben, wenn eine **nähere Bestimmung** folgt (z.B. wenn ein ganz bestimmter Freitag gemeint ist).

142 *Wortstellung:* all, both, half, most of + the

all the time	both (the) cars	half the cake
die ganze Zeit	*beide Autos/ die beiden Autos*	*der halbe Kuchen*

The steht **nach** *all, both, half* und *most of* („die Mehrheit", „der größere Teil").

Most of the people who live here are from India.
Die meisten Leute, die hier wohnen, kommen aus Indien.

Most people would like to have a lot of money.
Die meisten Leute möchten viel Geld haben.

Man verwendet *most* + Nomen **ohne** *the*, wenn keine nähere Bestimmung auf das Nomen folgt.

all, both ► 169, 170

143 *Wendungen mit und ohne* the

Bob has played the drums since he was six.
Bob spielt Schlagzeug, seit er sechs ist.

What's on TV?
Was gibts im Fernsehen?

'How romantic! Breakfast in bed!'

romantic [rəʊ'mæntɪk]

Wendungen **mit** *the*:

listen to the radio	Radio hören
play the guitar	Gitarre spielen
play the piano	Klavier spielen
play the drums	Schlagzeug spielen
it is the fashion	es ist Mode/Brauch
with the help of	mithilfe (von)

Wendungen **ohne** *the*:

on TV	im Fernsehen
by car/bus/…	mit dem Auto/Bus/…
at first sight	auf den ersten Blick
at work	bei der Arbeit, am Arbeitsplatz
go to work	zur Arbeit gehen
go to bed	ins Bett gehen
be/stay in bed	im Bett sein/bleiben
be/live in town	in der Stadt sein/leben
go out of fashion	aus der Mode kommen

Amerikanisches Englisch ► 205

144–149 *Der unbestimmte Artikel* *The indefinite article*

144 *Form*

Der unbestimmte Artikel hat die Form *a* oder *an*:

a ball	*ein Ball*	• Vor einem Wort, das mit einem **Konsonanten** beginnt (z.B. mit *b, d, t, f, g, h, m*), verwendet man ***a*** [ə].
a hot potato	*eine heiße Kartoffel*	
a museum	*ein Museum*	
an egg	*ein Ei*	• Vor einem Wort, das mit einem **Vokal** beginnt (also mit *a, e, i, o* oder *u*), verwendet man ***an*** [ən].
an old bike	*ein altes Fahrrad*	
an uncle	*ein Onkel*	

!

a Euro	[ə 'jʊərəʊ]	*ein Euro*	• Die Aussprache von *Euro* und *unit* beginnt mit dem **Konsonanten** [j]. Daher verwendet man *a*, nicht *an*.
a unit	[ə 'ju:nɪt]	*ein Kapitel, eine Einheit*	
an hour	[ən‿'aʊə]	*eine Stunde*	• Die Aussprache von *hour* und *MP* beginnt mit einem **Vokal**: [aʊ] bzw. [e]. Daher verwendet man *an*, nicht *a*.
an MP (= a Member of Parliament)	[ən‿ˌem'pi:]	*ein Abgeordneter/eine Abgeordnete*	

Aussprache des bestimmten Artikels ► 137

145 a/an *vor Berufsbezeichnungen usw.*

a

Mark wants to become a carpenter.
Mark möchte Tischler werden.

Gwen is a student.
Gwen ist Studentin.

I'm a member of our local tennis club.
Ich bin Mitglied im Tennisverein unseres Ortes.

Wenn man die Zugehörigkeit zu einem **Beruf**, einer **Gruppe** usw. ausdrücken will, muss man *a/an* verwenden.

b

James Watt was | a Scot/a Scotsman. / Scottish.
James Watt war Schotte.

Um zu sagen, welche **Nationalität** jemand hat, verwendet man entweder *a/an* + Nomen oder ein Adjektiv.

146 a/an *nach* as *und nach* without

You can use this sofa as a bed.
Du kannst dieses Sofa als Bett benutzen.

Don't go out without a coat.
Geh nicht ohne Mantel weg!

Wenn auf *as* („als") oder *without* („ohne") ein zählbares Nomen im Singular folgt, muss *a/an* stehen:

as / *without* | + *a/an* + Nomen.

147 a/an *in der Bedeutung „pro"*

A/An steht in der Bedeutung „pro"/„je":

We sell about 90 DVD players a month.
Wir verkaufen etwa 90 DVD-Spieler pro Monat/im Monat.

I have English three times a week.
Ich habe dreimal pro Woche/in der Woche Englisch.

This car only does 70 miles an hour.
Dieses Auto fährt nur 70 Meilen pro Stunde/in der Stunde.

- vor **Zeitangaben** *(a day, a week, a month, an hour)* – oft zur Bezeichnung von Häufigkeit und Geschwindigkeit,

Potatoes are 95 pence a kilo.
Kartoffeln kosten 95 Pence pro Kilo/je Kilo/das Kilo.

- vor **Maßangaben und Mengenangaben** *(a pound, a kilo, a square metre)* – oft bei der Angabe von Preisen.

148 *Wortstellung:* half, quite, such + a/an

I had to wait half an hour for the train.
Ich musste eine halbe Stunde auf den Zug warten.

quite a long journey
eine ziemlich lange Reise

such a mistake
ein solcher Fehler/so ein Fehler

A/An steht **nach** *half, quite* und *such.*

149 *Wendungen mit* a/an

I'm in a hurry, so I can't stay long.
Ich bin in Eile, daher kann ich nicht lange bleiben.

If you've got a temperature, you should stay at home.
Wenn du Fieber hast, solltest du zu Hause bleiben.

Carl waited for a long time, but no one came.
Carl wartete lange Zeit, aber es kam niemand.

'Yes, it is true! I've finally persuaded Derek to take a holiday.'

be in a hurry	in Eile sein, es eilig haben
come to an end	zu Ende gehen, enden
have (got) a cold/ a headache ['-eɪk]/ *a temperature*	Schnupfen/ Kopfschmerzen/ Fieber haben
have a wash	sich waschen
have/take a bath	baden
have/take a shower	(sich) duschen
have/take a holiday	Urlaub machen
have/take a look	mal sehen/schauen
make a noise	Lärm machen
take a seat	Platz nehmen
as a rule	in der Regel
for a change	zur Abwechslung
for a time	eine Zeit lang
for a long time	lange Zeit
in a loud voice	mit lauter Stimme

KAPITEL

14 Pronomen *Pronouns and determiners*

150 *Gebrauch* *Use*

Kadir is Turkish. But he speaks German well.
Kadir ist Türke. Aber er spricht gut Deutsch.

Can I have your pen for a moment?
Kann ich für einen Moment deinen Stift haben?

Pronomen können als **Stellvertreter** eines Nomens stehen (Pronomen = „für ein Nomen").

Pronomen können als **Begleiter** *(determiner)* vor dem Nomen stehen.

Relativpronomen ► 26
Mengenbezeichnungen als Pronomen ► 164 a
Fragewörter als Pronomen ► 191 a–d, 192, 193

151–153 *Die Personalpronomen* *The personal pronouns*

151 *Subjektform und Objektform*

	subject form		object form	
singular:	I	*ich*	me	*mir, mich*
	you	*du; Sie*	you	*dir, dich; Ihnen, Sie*
	he	*er*	him	*ihm, ihn*
	she	*sie*	her	*ihr, sie*
	it	*es; er; sie*	it	*ihm, es; ihm, ihn; ihr, sie*
plural:	we	*wir*	us	*uns*
	you	*ihr; Sie*	you	*euch; Ihnen, Sie*
	they	*sie*	them	*ihnen, sie*

Die englischen Personalpronomen haben zwei Formen: eine Subjektform *(subject form)* und eine Objektform *(object form)*.
Die **Objektform** steht nach Verben und nach Präpositionen. Sie wird im Deutschen unterschiedlich wiedergegeben:

Please phone ***me*** *or send* ***me*** *an e-mail.*
„Bitte ruf mich an oder schick mir eine E-Mail."

Well, I'm going – with ***her*** *or without* ***her***.
„Also ich gehe – mit ihr oder ohne sie."

Anmerkung

Who can play chess? – **Me.**
Wer kann Schach spielen? – Ich.

Is that **you**, Kate and Jane? – Yes, Dad, it's **us**.
Seid ihrs, Kate und Jane? – Ja, Papa, wir sinds.

Julian's sister is taller than **him**.
Julians Schwester ist größer als er.

Die Objektform steht auch:
- in kurzen Antworten ohne Verb, ► 8 b
- nach einer Form von *be*,
- nach *than* und *as* in Vergleichen. ► 176 b, 187 b

152 *Bestimmte Verwendungen von* it/he/she *und* they

a Look after the camcorder. It was expensive.
Pass auf den Camcorder auf! Er war teuer.

I'll ask you a question and you'll have to answer it.
Ich stell dir eine Frage und du musst sie beantworten.

Did you enjoy the book? – No, it was terrible.
Hat dir das Buch gefallen? – Nein, es war schrecklich.

It wird verwendet, wenn man von **Dingen** und **Begriffen** spricht.
Im Deutschen hingegen verwendet man „er", „sie" oder „es" – je nachdem, welches grammatische Geschlecht das Wort hat:
„der Camcorder"/„er"; „die Frage"/„sie"; „das Buch"/„es".

Das Geschlecht der Nomen ▶ 128 a

b Did you catch the mouse? – No, it was too fast.
Hast du die Maus erwischt? – Nein, sie war zu flink.

The monkey looks hungry. Give it a banana.
Der Affe sieht hungrig aus. Gib ihm eine Banane!

It verwendet man für **Tiere** (ohne Namen), zu denen man keine persönliche Beziehung hat.

Where's your dog? – He's in the garden.
Wo ist dein Hund? – Er ist im Garten.

Für Tiere, zu denen man eine persönliche Beziehung hat (z.B. Haustiere), verwendet man *he* oder *she*.

c Who is there? – It's Emily. / It's the twins.
Wer ist da? – Es ist Emily. / Es sind die Zwillinge.

Who is Emily? – She's my girlfriend.
Wer ist Emily? – Sie ist meine Freundin.

It is und *it was* verwendet man, wenn man eine Person „identifiziert", also z.B. den Namen nennt (deutsch: „es ist/sind", „es war/waren").
In allen anderen Fällen verwendet man für Personen *he*, *she* oder *they*.

there is/are = „es ist/sind", „es gibt" ▶ 45 b
it/they in Antworten auf Fragen mit *this/that/these/those* ▶ 162 a

Anmerkung

Everybody said where **they** (= he or she) came from.
Jeder sagte, woher er kam.

If **anyone** phones, tell **them** (= him or her) I'll be back later.
Falls jemand anruft, sag, dass ich später wieder da bin.

If you ask **a friend**, **they** (= he or she) will normally help you.
Wenn man einen Freund bittet, wird er einem normalerweise helfen.

They bzw. *them* können sich auf *everybody/-one, somebody/-one, anybody/-one, nobody/-one* oder auf ein Nomen im Singular *(a friend)* beziehen.
Damit vermeidet man die etwas umständlichen Formen *he or she* bzw. *him or her*.

153 *Das deutsche „man"*

You never know.
Man kann nie wissen.

Für das deutsche unpersönliche Pronomen „man" verwendet man im Englischen meist ***you***.

One should not only look after oneself.
Man sollte sich nicht nur um sich selbst kümmern.

One in der Bedeutung „man" klingt eher förmlich oder altmodisch.

They/People speak English and French here.
Man spricht hier Englisch und Französisch.

„Man" im Sinne von „die Leute" wird mit ***they*** oder ***people*** wiedergegeben.

Nothing could be done.
Man konnte nichts machen.

Ein Aktivsatz mit „man" kann auch durch einen englischen **Passivsatz** (▶ 86) wiedergegeben werden.

one als Stützwort ▶ 163

154–155 *Die Possessivpronomen* *The possessive determiners and pronouns*

154 *Formen*

	possessive determiner		possessive pronoun	
singular:	my	*mein*	mine	*meiner, meins*
	your	*dein; Ihr*	yours	*deiner, deins; Ihrer, Ihrs*
	his	*sein*	his	*seiner, seins*
	her	*ihr*	hers	*ihrer, ihrs*
	its	*sein, ihr*	—	—
plural:	our	*unser*	ours	*unserer, unseres*
	your	*euer; Ihr*	yours	*eurer, euers; Ihrer, Ihrs*
	their	*ihr*	theirs	*ihrer, ihrs*

Im Englischen müssen Possessivbegleiter (*my*, *your* usw.) und Possessivpronomen (*mine*, *yours* usw.) unterschieden werden.

Beachte die Schreibung von *its*: *Its* (ohne Apostroph!) darf nicht mit der Kurzform *it's* (= *it is*) verwechselt werden: *Put the game back in* ***its*** *box.* ***It's*** *(= It is) a great game.*

155 *Gebrauch*

a Is this your ruler, Ben? – No, it must be yours, Phil.
Ist das dein Lineal, Ben? – Nein, es muss deins sein, Phil.

Susie still has her apple. But Lorna has eaten hers.
Susie hat ihren Apfel noch. Aber Lorna hat ihren aufgegessen.

Whose are those bikes? – They're ours.
Wem gehören die Räder da? – Das sind unsere.

My, *your*, *her* usw. stehen immer **vor** einem **Nomen** (*your ruler*, *her apple* usw.). Die Pronomen *mine*, *yours*, *hers* usw. stehen allein, d.h. **ohne Nomen**. Man verwendet sie, wenn man ein schon genanntes Nomen nicht wiederholen will.

b Poor Sandra has broken her leg.
Die arme Sandra hat sich das Bein gebrochen.

You must take off your shoes before you go inside.
Du musst die/deine Schuhe ausziehen, ehe du hineingehst.

Bei Körperteilen und Kleidungsstücken werden im Englischen *my*, *your*, *his*, *her* usw. verwendet.

Anmerkungen

1 Ten people lost **their lives** in the explosion.
Zehn Menschen kamen bei der Explosion ums Leben.

My, *your* usw. stehen vor *life* und *death* (bzw. *lives* and *deaths*, wenn mehrere Personen betroffen sind).

2 Somebody/A student has left **their** (= his or her) **bag** here.
Jemand/Ein Schüler/Eine Schülerin hat seine/ihre Tasche hier gelassen.

Their kann sich auf *everybody*, *somebody* usw. oder auf ein Nomen im Singular *(a student)* beziehen.

3 Lynn is **a friend of mine** (= one of my friends).
Lynn ist eine Freundin von mir. / Lynn ist eine meiner Freundinnen.

Die Pronomen *mine*, *yours*, *his* usw. können in einer *of*-Fügung verwendet werden, wenn man über einen/eine von mehreren Freunden/Freundinnen, Nachbarn/Nachbarinnen usw. spricht. ▶ 136 Anm.

„My", „your", „her" usw. stehen vor einem Nomen: It's my camera.
„Mine", „yours", „hers" usw. stehen ohne Nomen: It's mine.

156–158 Die Reflexivpronomen *The reflexive pronouns*

156 Formen

singular:	(I)	myself	*mir, mich*	Reflexivpronomen enden auf *-self*.
	(you)	yourself	*dir, dich; sich*	Die Betonung liegt auf der zweiten Silbe:
	(he)	himself	*sich*	*myself* [–'–], *yourself* [–'–] usw.
	(she)	herself	*sich*	
	(it)	itself	*sich*	
	(one)	oneself	*sich*	
plural:	(we)	ourselves	*uns*	Der Plural wird mit *-selves* [-selvz] gebildet.
	(you)	yourselves	*euch; sich*	Unterscheide:
	(they)	themselves	*sich*	*yourself* (Singular) – *yourselves* (Plural).

157 Gebrauch

I'm teaching myself to play the guitar.
Ich bringe mir Gitarrespielen bei.

David saw himself on a big screen.
David sah sich auf einem großen Bildschirm.

Tina and Luke talk about themselves all the time.
Tina und Luke reden die ganze Zeit nur über sich.

Das Reflexivpronomen bezieht sich auf das Subjekt des Satzes *(I, David, Tina and Luke)*. Es ist **rückbezüglich** (= reflexiv): Es bezeichnet dieselbe Person (oder Sache) wie das Subjekt.

Vergleiche:

*I hurt **myself**.*	*He hurt **me**.*
„Ich habe mich verletzt."	„Er hat mich verletzt."
(Reflexivpronomen)	(Personalpronomen)

Wendungen mit Reflexivpronomen:

Enjoy yourself.	Viel Spaß! Amüsier dich gut!
Help yourselves.	Greift zu! Bedient euch!

⚠ !

Hurry up, please.
Beeil dich, bitte!

She can't remember my name.
Sie kann sich meinen Namen nicht merken.

I wonder why Margot hasn't phoned.
Ich frage mich, warum Margot nicht angerufen hat.

'Relax. I'm not filming you. I'm filming the scorpion.'

scorpion ['skɔ:piən]

Folgende englische Verben stehen immer **ohne Reflexivpronomen**, also anders als im Deutschen:

argue ['ɑ:gju:]	sich streiten
change	sich (ver)ändern; sich umziehen
concentrate	sich konzentrieren
decide	sich entscheiden
feel	sich fühlen
hurry (up)	sich beeilen
imagine	sich (etwas) vorstellen
lie down	sich hinlegen
look forward to	sich freuen auf
meet	sich treffen
move	sich bewegen
refer to	sich beziehen auf
relax	sich entspannen, sich ausruhen
remember	sich erinnern (an), sich merken
sit down	sich (hin)setzen
turn (around)	sich umdrehen
wonder ['wʌndə]	sich fragen
worry ['wʌri]	sich Sorgen machen

158 each other – one another

Lisa and Harry write to each other every week.
Lisa und Harry schreiben sich (gegenseitig) jede Woche.

Do you two tell one another everything?
Sagt ihr beide euch (gegenseitig/einander) alles?

Each other und *one another* drücken eine **wechselseitige** Beziehung zwischen zwei oder mehreren Personen aus.

⚠

Eva and Liz are laughing at themselves.
Eva und Liz lachen über sich (selbst).

Eva and Liz are laughing at each other.
Eva und Liz lachen sich gegenseitig aus.

-selves = uns/euch/sich selbst
each other = einander, uns/euch/sich gegenseitig

159–160 *Die verstärkenden Pronomen* *The emphasizing pronouns*

159 *Formen*

myself, yourself, himself, …

Die verstärkenden Pronomen haben dieselben Formen wie die Reflexivpronomen, d.h., sie enden auf *-self/-selves*. ► 156

160 *Gebrauch*

I spoke to the boss herself, not her secretary.
Ich habe mit der Chefin selbst gesprochen, nicht mit ihrer Sekretärin.

Did you cut your hair yourself?
Hast du dir die Haare selbst/selber geschnitten?

The MacDuffs built their house themselves.
Die MacDuffs haben ihr Haus selbst/selber gebaut.

Verstärkende Pronomen heben ein Nomen *(the boss)* oder ein Pronomen *(you)* besonders hervor. Sie werden immer betont. Im Deutschen verwendet man „selbst" oder „selber".
Wenn das Subjekt des Satzes hervorgehoben wird (*you* in Satz 2, *the MacDuffs* in Satz 3), steht das verstärkende Pronomen meist am Satzende.

161–162 *Die Demonstrativpronomen* *The demonstrative determiners and pronouns*

161 *Formen*

singular:	this	[ðɪs]	that	[ðæt]
plural:	these	[ðiːz]	those	[ðəʊz]

162 *Gebrauch*

a These socks are dirty. But those socks look clean.
Diese Socken (hier) … Aber jene Socken/die Socken dort …

This is *my* lunch. That's *your* lunch.
Dies ist mein *Essen. Das (dort) ist* dein *Essen.*

This, that, these, those können als **Begleiter** eines Nomens stehen, oder sie können **allein** stehen.

What's this/that? – It's my latest invention.
Was ist das? – Das ist meine neueste Erfindung.

Antworten auf Fragen mit *this, that, these, those* werden in der Regel mit *it* bzw. *they* eingeleitet.

b

'I'll try on this shirt. These shirts are very popular this summer.'
„Ich probier mal dieses Hemd (hier) an. Diese Hemden sind in diesem Sommer sehr beliebt."

This und ***these*** weisen im Allgemeinen auf das (vom Sprecher aus gesehen) räumlich oder zeitlich **Nähere** hin.

Wendungen mit *this/these*:

this morning	heute Morgen
these days	heutzutage
this way	hier entlang, hierher
like this	so, folgendermaßen
This is …	*(jd. vorstellend)* Das ist/sind …; *(am Telefon)* Hier ist/spricht …

c

'Look at those pullovers (over there). Lucy wore one of those at that disco last week.'
„Schau dir mal die Pullover da (drüben) an. Lucy hat so einen bei der Disko letzte Woche angehabt."

That und ***those*** weisen auf das (vom Sprecher aus gesehen) räumlich oder zeitlich **Entferntere** hin.

Wendungen mit *that/those*:

in those days	damals, zu jener Zeit
Is that …?	*(am Telefon)* Ist dort …? / Spreche ich mit …?
That's right.	Das stimmt.
that's why	deshalb, darum

d This/That is a nice photo.
Das ist ein schönes Foto.

This und *that* sind oft austauschbar. (Das gilt auch für die Pluralformen *these* und *those*.)

„this"/„that" + Singular: this photo, that photo
„these"/„those" + Plural: these photos, those photos

163 *Das Stützwort* one/ones *The prop-word* one/ones

Did you watch the film on BBC 1 last night?
– No, I watched the one on ITV.
Hast du gestern Abend den Film auf BBC 1 gesehen?
– Nein, ich habe den auf ITV gesehen.

These T-shirts are nice. What about a green one?
– Oh, I like the blue ones best.
Diese T-Shirts sind schön. Wie wäre es mit einem grünen? – Oh, ich mag die blauen am liebsten.

Man verwendet *one/ones*, wenn man ein schon genanntes (zählbares) Nomen nicht wiederholen will:
One ersetzt ein Nomen im **Singular** (*film, T-shirt*);
ones ersetzt ein Nomen im **Plural** (*T-shirts*).

Im Deutschen verwendet man kein entsprechendes „Stützwort".

⚠

Meine Uhr ist kaputt. Ich brauche eine neue.
nicht: My watch is broken. I need ~~a new.~~
sondern: My watch is broken. I need a new one.

Das neue Album der Band ist besser als die früheren.
nicht: The band's new album is better than ~~the earlier.~~
sondern: The band's new album is better than the earlier ones/the ones before.

Im Englischen können Adjektive nicht allein stehen.

'Can you get the small ones to stand at the front and the tall ones at the back?'

get dazu kriegen, dazu bringen

Stützwort „one"/„ones":
wenn man ein Nomen nicht wiederholen will

KAPITEL

15 Mengenbezeichnungen *Quantifiers*

164 Gebrauch *Use*

a Jed: Did you get any Valentine cards?
Liz: A few. Did *you* get any?
Jed: Just one. Were any of your cards from Manuel?

Jed: Hast du Karten zum Valentinstag bekommen?
Liz: Ein paar. Hast du auch welche bekommen?
Jed: Nur eine. Waren irgendwelche deiner Karten von Manuel?

Mengenbezeichnungen wie *some, any, a few, many, both* können unterschiedlich verwendet werden:
- als **Begleiter** eines Nomens *(any Valentine cards)*,
- **allein** stehend *(A few. … any?)* oder vor einer *of*-Fügung *(any of your cards)*.

b How many children are coming to your party?
Wie viele Kinder kommen zu deiner Party?

How much time have we got till they arrive?
Wie viel Zeit haben wir, bis sie kommen?

Bei der Verwendung von Mengenbezeichnungen muss man oft darauf achten, ob sich die Mengenbezeichnung auf ein **zählbares** Nomen *(children)* oder auf ein **nicht zählbares** Nomen *(time)* bezieht. ► 133

c I think there's somebody/someone outside.
Ich glaube, da draußen ist jemand.

Everything is quicker with the Internet, isn't it?
Mit dem Internet geht alles schneller, nicht wahr?

Von *some, any, every* und *no* gibt es **Zusammensetzungen** mit *-body/-one, -thing* und *-where*, z.B.: *somebody/-one, something* (Pronomen); *somewhere* (Adverb).
► 165 d, 168 c, 171 c

'Somewhere with no irregular verbs.'

165 some – any

a

I need some sugar.
Ich brauche (etwas) Zucker.

Have we got any muesli? – No, I didn't buy any.
Haben wir Müsli? – Nein, ich habe keins gekauft.

But I bought some apples.
Aber ich habe (einige/ein paar) Äpfel gekauft.

Some und *any* bezeichnen eine unbestimmte Menge oder eine unbestimmte Anzahl.
Man verwendet sie daher:
- mit nicht zählbaren Nomen *(sugar, muesli)*,
- mit Nomen im Plural *(apples)*.

Anders als *some* und *any* werden die deutschen Mengenbezeichnungen „etwas", „einige", „ein paar" oft weggelassen.

b

We still have some money left.
Wir haben noch (etwas) Geld übrig.

Fran is going to burn some CDs for me.
Fran will mir ein paar CDs brennen.

Some („etwas"; „einige", „ein paar") verwendet man vor allem in **bejahten Aussagesätzen**.

I haven't got any money. I can't buy any CDs.
Ich habe kein Geld. Ich kann mir keine CDs kaufen.

Do you speak any other languages?
Sprechen Sie noch andere Sprachen?

Any hingegen verwendet man vor allem in **verneinten Aussagesätzen** und in **Fragen**.
Die Verneinung *not any* entspricht dem deutschen „kein" (▶ 171 a).
Any in Fragen wird oft nicht übersetzt.

c

Would you like some more potatoes?
Möchtest du noch ein paar Kartoffeln?

Could I have some water, please?
Könnte ich bitte etwas Wasser haben?

Some (nicht *any*) verwendet man in Fragen, wenn man etwas anbietet oder um etwas bittet.

d

Somebody phoned for you.
Es hat jemand für dich angerufen.

I've got something for you.
Ich habe etwas für dich.

Sadie lost the money somewhere in town.
Sadie hat das Geld irgendwo in der Stadt verloren.

I didn't speak to anyone.
Ich habe mit niemandem gesprochen.

I didn't say anything.
Ich habe nichts gesagt.

Can you see my helmet anywhere?
Kannst du irgendwo meinen Helm sehen?

Die Regeln in 165 b und 165 c gelten auch für die **Zusammensetzungen** mit *some* und *any*:

somebody/someone	jemand
something	etwas
somewhere	irgendwo(hin)
not … anybody/anyone	niemand, keiner
not … anything	nichts
not … anywhere	nirgends, nirgendwo(hin)
anybody/anyone?	(irgend)jemand?
anything?	(irgend)etwas?
anywhere?	irgendwo(hin)?

any = „jeder beliebige" ▶ 168 b
somebody, anybody + they/them/their ▶ 152 Anm., 155 Anm. 2

„some": vor allem in bejahten Aussagesätzen
„any": vor allem in verneinten Aussagesätzen und in Fragen

166 a lot of – lots of – much – many

a Big dogs need a lot of food/lots of food.
Große Hunde brauchen viel Futter.

A lot of people/Lots of people speak English.
Viele Leute sprechen Englisch.

A lot of oder ***lots of*** („viel", „viele") stehen
- vor nicht zählbaren Nomen *(food)*,
- vor Nomen im Plural *(people)*.

b Move up, please. We haven't got much space.
Bitte rückt auf! Wir haben nicht viel Platz.

How much meat do you eat? – Not much.
Wie viel Fleisch isst du? – Nicht viel.

Much („viel") verwendet man nur mit **nicht zählbaren Nomen** *(space, meat)*. Meist steht *much* in verneinten Sätzen und in Fragen. Oder es folgt auf *too, so, as*: *That's too much homework.*

There weren't many people on the beach.
Es waren nicht viele Leute am Strand.

How many e-mails do you write each day? – Not very many.
Wie viele E-Mails schreibst du jeden Tag? – Nicht sehr viele.

Many („viele") verwendet man nur mit **Nomen im Plural** *(people, e-mails)*. Auch *many* steht meist in verneinten Sätzen und in Fragen. Oder es folgt auf *too, so, as*: *There are too many people here.*

c much work/a lot of work → more work → most work
many kids/a lot of kids → more kids → most kids

Much, many und *a lot of, lots of* haben die **Steigerungsformen** *more* („mehr") und *most* („der/die/das meiste …").

„much" + Singular: much time
„many" + Plural: many people

167 a little – a few

a I didn't like the food. So I only ate a little.
… Daher habe ich nur ein wenig/ein bisschen (davon) gegessen.

With a little luck, I might win.
Mit ein wenig/ein bisschen/etwas Glück könnte ich gewinnen.

A little („ein wenig", „ein bisschen", „etwas") verwendet man mit **nicht zählbaren Nomen** *(food, luck)*.

I know a few words of Spanish.
Ich kann ein paar/einige Wörter Spanisch.

A few („ein paar", „einige") verwendet man mit **Nomen im Plural** *(words)*.

> Anmerkung

There was **little time** for discussion.
Es war nur wenig Zeit zum Diskutieren.

Few fans can get tickets for the show.
Nur wenige Fans können Karten für die Show bekommen.

Little und *few* (ohne *a*) bedeuten „nur wenig(e)" und sind eher formell. Im informellen Englisch verwendet man meist *only a little/only a few*: *only a little time for discussion, only a few fans.*

b a little work → less work → the least work
a few mistakes → fewer mistakes → the fewest mistakes

Beachte die **Steigerungsformen** *less/fewer* („weniger") und *least/fewest* („wenigste …", „am wenigsten").

168 every – each – any

a

Every child | Each child | got a present.
Jedes Kind bekam ein Geschenk.

Every („jeder") und *each* („jeder") verwendet man vor Nomen. Oft sind sie austauschbar.
Beachte aber:

Every child enjoys playing with friends.
Jedes Kind spielt gern mit Freunden.
(= Alle Kinder im Allgemeinen spielen …)

- Wenn „jeder" in einem **ganz allgemeinen**, umfassenden Sinn gemeint ist, verwendet man ***every***.

Each runner has his own number.
Jeder Läufer hat seine eigene Nummer.
(= Jeder einzelne Läufer …)

- Wenn man an **jede einzelne** Person/Sache (aus einer bestimmten Gruppe) denkt, wird ***each*** vorgezogen.

!

There are ten runners.
Each (of the runners) has his own number.
Es gibt zehn Läufer.
Jeder (der Läufer) hat seine eigene Nummer.

Nur *each* (nicht *every*) kann allein oder vor einer *of*-Fügung *(of the runners)* stehen.

b

It's a very simple test. Any child could pass it.
Es ist ein ganz einfacher Test. Jedes Kind könnte ihn schaffen. (= Jedes beliebige/Irgendein Kind …)

Any verwendet man, wenn **„jeder x-beliebige"**, „irgendein" gemeint ist. In dieser Bedeutung kann *any* auch in bejahten Aussagesätzen stehen.

!

We're free all week. You can come any day.
Wir haben die ganze Woche Zeit. Du kannst an jedem beliebigen Tag/an irgendeinem Tag kommen.

any *day*
= *Monday* ***or*** *Tuesday* ***or*** *Wednesday, etc.*

My grandfather gets up at six every day.
Mein Großvater steht jeden Tag um sechs auf.

every *day*
= *Monday* ***and*** *Tuesday* ***and*** *Wednesday, etc.*

any in verneinten Aussagesätzen und in Fragen ▶ 165 b

c

Everybody knows that.
Jeder weiß das. / Alle wissen das.

There were American flags everywhere.
Überall waren amerikanische Flaggen.

It's easy to dance. Anybody can do it.
Tanzen ist einfach. Jeder (Beliebige) kann es.

You can buy anything on the Internet.
Man kann alles (egal was) im Internet kaufen.

Mit *every* („jeder") und *any* („jeder beliebige") gibt es folgende **Zusammensetzungen**:

everybody/everyone	jeder, alle
everything	alles
everywhere	überall(hin)
anybody/anyone	jeder x-Beliebige, jede beliebige Person
anything	alles, irgendetwas
anywhere	überall(hin)

everybody, anybody + they/them/their ▶ 152 Anm., 155 Anm. 2

every child = jedes Kind, alle Kinder
each child = jedes einzelne Kind

169 all

a

All children play.
Alle Kinder spielen.

All the childen are outside. They're playing in the street.
Alle Kinder sind draußen. Sie spielen auf der Straße.

Who wrote all these letters?
Wer hat all diese Briefe geschrieben?

All of us | need a break.
We all |
Wir alle brauchen eine Pause.

All + Nomen im **Plural** *(children, letters)* bedeutet „alle".

All the + Nomen bezeichnet eine bestimmte Gruppe (z.B. alle Kinder aus diesem Haus, nicht Kinder im Allgemeinen). *The* steht immer dann, wenn es auch ohne *all* stehen müsste.

b

Did you eat all the rice?
Hast du den ganzen Reis aufgegessen?

All her jewellery was taken.
Ihr ganzer Schmuck/All ihr Schmuck wurde gestohlen.

All + Nomen im **Singular** *(rice, jewellery)* bedeutet „ganze(r, s) …" bzw. „all …".

It rained all day and all night.
Es regnete den ganzen Tag und die ganze Nacht.

Häufige Wendungen (Zeitangaben) mit *all* sind:

all morning	den ganzen Morgen
all day	den ganzen Tag
all night	die ganze Nacht
all week	die ganze Woche
all the time	die ganze Zeit

Gebrauch von *the* ▶ 138
Wortstellung: *all* + *the* ▶ 142

'I hacked into the school's computer and changed all my grades. Then the school hacked into my computer and deleted all my games!'

grade Note, Zensur
delete [dɪ'li:t] löschen

!

Alle waren glücklich. (= Jeder war glücklich.)
nicht: ~~All were~~ happy.
sondern: Everybody was happy.

Alles war in Ordnung.
nicht: ~~All~~ was OK.
sondern: Everything was OK.

Meist werden die Pronomen „alle" und „alles" mit ***everybody/everyone*** bzw. ***everything*** wiedergegeben (nicht mit *all*).

170 both

Both girls | are learning judo.
Both (of) the girls | are learning judo.
Beide Mädchen/Die beiden Mädchen lernen Judo.

Both of us | like 'The Simpsons'.
We both | like 'The Simpsons'.
Wir beide sehen uns gern „Die Simpsons" an.

Ellie had two cats. Both ran away.
Ellie hatte zwei Katzen. Beide sind ihr weggelaufen.

Both bedeutet „beide" (= „der eine und der andere", „alle beide").

Both steht **vor** *the* (▶ 142) oder vor einem anderen Begleiter *(these, my)*:
both the girls („die beiden Mädchen"),
both these T-shirts („diese beiden T-Shirts").

Anmerkungen

1 You can wear **either skirt/either of the skirts** this evening. They both look good on you.
Du kannst jeden der beiden Röcke (= den einen oder den anderen) heute Abend anziehen. Sie stehen dir beide gut.

Either ['aɪðə] bedeutet „jeder/einer von zweien" (= „der eine oder der andere").

2 **Neither team/Neither of the two teams** played well.
Keines der zwei Teams/Keines von beiden Teams hat gut gespielt.

Neither ['naɪðə] bedeutet „keiner von zweien".

171 no – none

a Sorry, I've got no time.
Ich habe leider keine Zeit.

There are no vegetarian meals on this menu.
Auf dieser Speisekarte stehen keine vegetarischen Gerichte.

No bedeutet „kein". Es steht immer vor einem Nomen (im Singular oder Plural).

Anmerkung

There are **no vegetarian meals** on this menu.
= There are**n't any vegetarian meals** on this menu.

No betont stärker als *not any*, dass etwas wirklich nicht vorhanden ist. Das gilt auch für die Zusammensetzungen mit *no*.

b None of these photos came out well.
Keines dieser Fotos/Keines von diesen Fotos ist gut geworden.

Where's the milk? – There's none (= no milk) left.
Wo ist die Milch? – Es ist keine mehr da.

None [nʌn] bedeutet „keiner". Man verwendet es vor einer *of*-Fügung *(of these photos)* oder wenn man ein Nomen nicht wiederholen will.

c Nobody/No one likes me.
Niemand/Keiner mag mich.

I waited for a long time but nothing happened.
Ich habe lange gewartet, aber es ist nichts passiert.

Where are you going? – Nowhere. I'm staying here.
Wohin gehst du? – Nirgendwohin. Ich bleibe hier.

Die **Zusammensetzungen** mit *no* sind:

nobody/no one	niemand, keiner
nothing ['nʌθɪŋ]	nichts
nowhere	nirgends, nirgendwo(hin)

nobody + they/them/their ▶ 152 Anm., 155 Anm. 2

KAPITEL
16 Das Adjektiv *The adjective*

172 *Gebrauch vor Nomen und nach* be *Use before nouns and after* be

I've got a French penfriend.
Have you seen these funny photos?
That was a great meal.

My penfriend/She is French.
These photos/They look funny.
That meal/It tasted great.

Die meisten englischen Adjektive (Eigenschaftswörter) können an zwei verschiedenen Stellen im Satz stehen:

- **vor** dem **Nomen**, auf das sie sich beziehen,
- **nach** dem Verb ***be*** und nach folgenden Verben:

appear/seem	(zu sein) scheinen
become/get	werden
look	aussehen
feel	sich (an)fühlen
smell	riechen
taste	schmecken
sound	klingen, sich anhören

'Things must be really tough.'
„Es muss dem Zoo wirklich schlecht gehen."

tough [tʌf] hart, schwierig

Mithilfe von Adverbien wie *really* („wirklich"), *very* („sehr"), *terribly* („schrecklich", „furchtbar"), *completely* („völlig", „vollkommen") kann man ein Adjektiv „verstärken". ▶ 179b

Adjektiv und Adverb im Vergleich ▶ 178, 179
Adjektiv + *one/ones* ▶ 163

Anmerkung

Are you **afraid** of your teacher?
Hast du Angst vor deiner Lehrerin?

Were you **asleep** when I phoned last night?
Hast du geschlafen, als ich gestern Abend anrief?

Julie has to take these pills because she**'s ill**.
Julie muss diese Tabletten einnehmen, weil sie krank ist.

Aber:
The teacher talked to the **frightened boy**.
Die Lehrerin sprach mit dem verängstigten Jungen.

Let **sleeping dogs** lie.
Schlafende Hunde soll man nicht wecken.

The **sick child** has to stay in bed.
Das kranke Kind muss im Bett bleiben.

Einige Adjektive können nicht vor einem Nomen stehen:

be afraid	sich fürchten, Angst haben
be alive	am Leben sein, leben
be alone	allein sein
be asleep	schlafen
be glad	froh sein
be pleased	zufrieden sein, sich freuen
be ill	krank sein
be well/fine	gesund sein
be upset	aufgeregt sein
he is sorry	es tut ihm leid

Für den Gebrauch vor einem Nomen müssen bedeutungsverwandte Adjektive herangezogen werden, z.B. *frightened* („verängstigt"), *living* („lebend"), *sleeping* („schlafend"), *sick* („krank") anstelle von *afraid, alive, asleep, ill.*

173–176 *Steigerung* *Comparison*

Im Englischen gibt es zwei Arten der Steigerung: entweder mit *-er/-est (the faster car)* oder mit *more/most (the more expensive car)*. Wie ein Adjektiv gesteigert wird, hängt vor allem von seiner Länge ab.

173 *Steigerung mit* -er/-est

		comparative	superlative	
a				Mit *-er/-est* werden gewöhnlich gesteigert:
	small nice *nett*	smaller [-ə] nicer *netter*	smallest [-ɪst] nicest *netteste …,* *am nettesten*	▪ **einsilbige** Adjektive (endet das Adjektiv auf *-e*, hängt man nur *-r/-st* an),
	silly angry	sillier angrier	silliest angriest	▪ **zweisilbige** Adjektive, die **auf -y** enden (beachte: *-y* wird zu *-i-*).
b	fat thin	fatter thinner	fattest thinnest	Nach einem einzelnen Vokalbuchstaben wird ein einzelner **Endkonsonant** *(-p, -b, -t, -d, -g, -m, -n)* **verdoppelt**. – Aber ohne Verdopplung: *faster – fastest* (zwei Konsonanten: *s* + *t*), *cleaner – cleanest* (zwei Vokale: *e* + *a*).
c	long [-ŋ]	longer [-ŋgə]	longest [-ŋgɪst]	Nach [-ŋ] spricht man ein zusätzliches [-g-].
d	good bad	better worse [wɜːs]	best worst [wɜːst]	Die Adjektive *good* und *bad* haben **unregelmäßige** Steigerungsformen.

Steigerung der Mengenbezeichnungen ▶ 166c, 167b

174 *Steigerung mit* more/most

	comparative	superlative	Mit *more/most* werden gesteigert:
famous *berühmt*	more famous *berühmter*	most famous *berühmteste …,* *am berühmtesten*	▪ die meisten **zweisilbigen** Adjektive, die **nicht auf -y** enden,
expensive difficult	more expensive more difficult	most expensive most difficult	▪ alle Adjektive mit **drei** und mehr **Silben**.

Anmerkung

clever	clever**er**/ **more** clever	clever**est**/ **most** clever	Einige zweisilbige Adjektive können mit *-er/-est* oder mit *more/most* gesteigert werden, z.B. *clever, narrow, polite* („höflich"), *quiet, simple*.

Steigerung mit „-er"/„-est":
- *einsilbige Adjektive*
- *zweisilbige Adjektive auf „-y"*

Steigerung mit „more"/„most":
- *die meisten zweisilbigen Adjektive*
- *dreisilbige Adjektive*

175 farther/further – nearest/next – latest/last

a Is the bank farther/further than the supermarket?
Ist die Bank weiter weg als der Supermarkt?

For further information see page 58.
Weitere Informationen finden Sie auf Seite 58.

Farther ['fɑːðə] und ***further*** ['fɜːðə] („weiter") werden für räumliche Entfernungen verwendet.

Wenn „weiter" die Bedeutung „zusätzlich" oder „noch" hat, kann nur ***further*** verwendet werden.

b The nearest bus stop is in Bond Street.
Die nächste Bushaltestelle ist in der Bond Street.

Don't forget to get off at the next stop.
Vergiss nicht, an der nächsten Haltestelle auszusteigen!

Nearest („nächstgelegen") bezeichnet etwas, was räumlich am nächsten liegt.

Next („nächstfolgend") bezeichnet das Nächste in einer Reihenfolge (örtlich oder zeitlich).

c the latest news; Madonna's latest album
die neuesten Nachrichten; Madonnas neuestes Album

my last word on the subject; arrive at the last minute
mein letztes Wort dazu; in der letzten Minute ankommen

Latest bedeutet „letzter" im Sinne von „neuester", „jüngster".

Last bedeutet „letzter" im Sinne von „letzter in einer Reihenfolge".

176 *Vergleiche in Sätzen*

a Ella is taller than [ðən] Jay and Ann. She is the tallest.
Ella ist größer als Jay und Ann. Sie ist am größten/die Größte.

Jay is as tall as Ann but not as tall as Ella.
Jay ist (genau)so groß wie Ann, aber nicht so groß wie Ella.

Ella Jay Ann

⚠
größer als
nicht: taller ~~as~~
sondern: taller than

b Noel is faster than me. (= Noel is faster than I am.)
Noel ist schneller als ich.

I'm not as fast as him. (= I'm not as fast as he is.)
Ich bin nicht so schnell wie er.

Personalpronomen nach *than* und *as* stehen meist in der **Objektform**: *me, him, her, us, them.*

Anmerkungen

1 Our maths tests are getting **harder and harder/ more and more difficult**.
Unsere Mathearbeiten werden immer schwieriger.

Zwei durch *and* verbundene Komparative entsprechen dem deutschen „immer schwieriger", „immer härter", „immer besser" usw.

2 I'm looking for a cheap printer – **the cheaper the better**.
Ich suche einen billigen Drucker – je billiger, desto/umso besser.

Das deutsche „je – desto" bzw. „je – umso" wird im Englischen durch *the* – *the* wiedergegeben.

Vergleiche mit Adverbien ► 187

177 Adjektive als Nomen Adjectives used as nouns

a There should be more houses for the homeless (= homeless people).
Es müsste mehr Häuser für Obdachlose/die Obdachlosen geben.

The disabled want the same chances as everyone else.
Behinderte/Die Behinderten wollen dieselben Chancen wie jeder andere auch.

Robin Hood took from the rich and gave to the poor.
Robin Hood nahm von den Reichen und gab den Armen.

gifted (hoch) begabt

Anders als im Deutschen können im Englischen nur wenige Adjektive als Nomen verwendet werden. Sie bezeichnen dann eine **Gesamtheit von Personen** oder eine **Gruppe** von Menschen, die eine Eigenschaft gemeinsam haben:
the homeless = „obdachlose Menschen im Allgemeinen", „alle Obdachlosen".

Diese als Nomen gebrauchten Adjektive haben **kein Plural-s**, werden aber mit einem **Verb im Plural** verwendet.

Weitere Beispiele:

the blind [blaɪnd]	die Blinden
the dead	die Toten
the disabled	die Behinderten
the hungry	die Hungernden
the lonely	die Einsamen
the old	die Alten
the poor	die Armen
the rich	die Reichen
the sick	die Kranken
the strong	die Starken
the unemployed	die Arbeitslosen
the weak	die Schwachen
the young	die Jungen, die junge Generation

b Marie is ill. – The poor girl!
Marie ist krank. – Die Arme/Ärmste!

I saw two homeless men in the park.
Ich habe zwei Obdachlose/obdachlose Männer im Park gesehen.

Several disabled people had written protest letters because they couldn't get into the station with their wheelchairs.
Mehrere Behinderte/behinderte Menschen hatten Protestbriefe geschrieben, weil sie mit ihren Rollstühlen nicht in den Bahnhof gelangen konnten.

Wenn man über eine oder mehrere **Einzelpersonen** spricht, muss im Englischen auf das Adjektiv ein Nomen wie *girl(s), boy(s), woman/women, man/men* oder *person/people* folgen.

Anmerkung

Do **blacks** (= black people) and **whites** (= white people) have the same chances in South Africa today?
Haben Schwarze und Weiße im heutigen Südafrika dieselben Chancen?

Adjektive wie *black, white, native, Catholic* ['kæθlɪk], *Protestant* ['prɒtɪstənt], *Conservative* [kən'sɜːvətɪv] sind zu „echten" Nomen geworden und haben daher eine Pluralform auf *-s*.

I met two **Americans** yesterday.
Ich habe gestern zwei Amerikaner getroffen.

Auch Nationalitätsbezeichnungen auf *-an* werden als Nomen mit Plural-s gebraucht.

KAPITEL

17 Das Adverb The adverb

178–179 Der Gebrauch von Adjektiven und Adverbien
Adjectives and adverbs in contrast

178 Adjektiv

Janet is a good driver. She is always careful.
Janet ist eine gute Fahrerin. Sie ist immer vorsichtig.

Ein Adjektiv gibt an, wie jemand oder etwas ist. Es beschreibt ein **Nomen** *(driver)* oder ein **Pronomen** *(she)*.

Stellung des Adjektivs ▶ 172

179 Adverb

a

Janet always drives carefully.
Janet fährt immer vorsichtig.

Ein Adverb verwendet man zur näheren Bestimmung eines **Verbs**. Man gibt z.B. an, wie jemand etwas tut oder wie etwas geschieht.

b

Toby is terribly nervous before tests.
Toby ist vor Prüfungen furchtbar/äußerst nervös.

The school band played very well.
Das Schulorchester spielte sehr gut.

Ein Adverb verwendet man zur näheren Bestimmung eines **Adjektivs** *(nervous)* oder eines anderen **Adverbs** *(well)*. ▶ 189 d

c

Pete was late. Luckily, the bus was late too.
Pete war spät dran. Zum Glück hatte der Bus auch Verspätung.

Satzadverbien *(luckily, perhaps, of course, suddenly)* beziehen sich auf einen ganzen **Satz**.
▶ 189 a

- *Adjektiv: wie eine Person oder Sache ist*
- *Adverb der Art und Weise: wie jemand etwas tut*

180–183 *Formen* *Forms*

180 *Übersicht*

Adverbien lassen sich nach ihrer Form einteilen:

nervously, usually, happily, …	• Adverbien, die von Adjektiven **abgeleitet** sind (durch Anhängen von *-ly*), ▶ 181, 183
fast, hard, early, late, long, …	• Adverbien, die dieselbe **Form wie Adjektive** haben, ▶ 182, 183
always, often, now, then, still, sometimes, soon, today, here, there, up, down, perhaps, …	• **„ursprüngliche"** Adverbien, d.h. Adverbien, die nicht von Adjektiven abgeleitet sind,
near Miami, to the shop, in the evening, next week, two days ago, because of the rain, …	• **zusammengesetzte** adverbiale Bestimmungen.

181 *Die Bildung von Adverbien aus Adjektiven*

a

adjective	adverb	
slow	slowly	Abgeleitete Adverbien bildet man, indem man **-ly an das Adjektiv** hängt.
nice	nicely	
clever	cleverly	
surprising	surprisingly	
angry	angrily	Beachte: *-y* wird vor *-ly* zu *-i-* (Ausnahme: *shyly*).

b terrible – terribly

-le fällt vor *-ly* weg.

c fantastic – fantastically

Bei Adjektiven auf *-ic* hängt man *-ally* an.

d

full	fully	Die Adverbformen zu *full, whole, true* schreibt man *fully* („völlig", „ganz"), *wholly* („ganz", „gänzlich"), *truly* („wirklich", „wahrhaft").
whole	wholly	
true	truly	

e good – well

Das Adverb zu *good* ist ***well***.

⚠!

'How are you?' – 'I'm very well, thank you.'
„Wie geht es Ihnen?" – „Danke, es geht mir sehr gut."

Well kann auch Adjektiv sein und bedeutet dann „gesund", „wohlauf".

Anmerkungen

1 Do you have to talk so **loud/loudly**?
Musst du so laut reden?

Im informellen Englisch wird bei einigen Adverbien das *-ly* weggelassen. Dazu gehören z.B. *cheaply, loudly, quickly, slowly*.

2 Mrs Bryant always smiles at me **in a friendly way**.
Frau Bryant lächelt mich immer freundlich an.

Für Adjektive, die auf *-ly* enden (z.B. *friendly*), verwendet man adverbiale Bestimmungen mit *in a … way* oder *in a … manner*.

real im amerikanischen Englisch ▶ 206

182 *Adverbien mit der Form von Adjektiven*

adjective	adverb
The river is very deep here. *Der Fluss ist hier sehr tief.*	I looked deep into her eyes. *Ich schaute ihr tief in die Augen.*
This is a fast car. *Das ist ein schnelles Auto.*	This car goes very fast. *Dieses Auto fährt sehr schnell.*
You're late again. *Du bist wieder zu spät dran.*	You always arrive late. *Du kommst immer zu spät.*
That's right. *Das ist richtig.*	You guessed right. *Du hast richtig geraten.*

'We got here very fast – the roads were good and icy.'

good and icy schön vereist, gut gefroren

Einige Adverbien haben dieselbe Form wie die entsprechenden Adjektive. Dazu gehören:

close	dicht, nahe
daily	täglich
deep	tief
early	früh
fair	fair, gerecht ▶ 183
fast	schnell
free	frei; kostenlos ▶ 183
hard	hart; schwer ▶ 183
high	hoch ▶ 183
late	(zu) spät
left	linke(r, -s), nach links
long	lang(e)
right	richtig; rechte(r, -s), nach rechts
weekly	wöchentlich
wrong	falsch

183 *Adverbien mit zwei Formen*

Einige Adverbien haben eine Form **ohne -*ly*** und eine Form **mit -*ly***. Beachte die unterschiedlichen Bedeutungen.

adverb without -*ly*	adverb with -*ly*
Play fair or don't play at all. *… fair …*	It was fairly late when the Masons arrived. *… ziemlich …*
We got in free. *… umsonst/kostenlos …*	Dogs can run around freely in the park. *… frei/ungehindert …*
Don't work too hard. *… hart/schwer!*	I can hardly wait to see you again. *… kaum …*
Jump as high as you can. *… hoch …*	That was a highly dangerous game. *… höchst/sehr …*
This arm hurts the most. *… am meisten.*	We mostly stay at home at the weekend. *… meist(ens) …*
Don't go too near. *… nah (heran)!*	Miss White nearly had an accident. *… fast/beinahe …*
Nell is a pretty clever child. *… ziemlich …*	Little Nell was dressed very prettily for the party. *… hübsch …*

184–187

Steigerung *Comparison*

Die Steigerung der Adverbien gleicht der Steigerung der Adjektive. ▶ 173, 174

184 *Steigerung mit* -er/-est

	comparative	superlative	
fast	faster [-ə]	fastest [-ɪst]	**Einsilbige** Adverbien und *early* werden mit *-er/-est* gesteigert.
hard	harder	hardest	
early	earlier	earliest	

185 *Steigerung mit* more/most

	comparative	superlative	
strongly	more strongly	most strongly	Adverbien, die **auf *-ly*** enden, werden mit *more/most* gesteigert.
nervously	more nervously	most nervously	

186 *Unregelmäßige Steigerung*

	comparative	superlative	
well	better	best	Die Adverbien *well, badly, much, (a) little* haben **unregelmäßige** Steigerungsformen.
badly	worse [wɜːs]	worst [wɜːst]	
much	more	most	
(a) little	less	least	

187 *Vergleiche in Sätzen*

a Val writes more clearly than her sister.
Val schreibt deutlicher als ihre Schwester.

I think Mum drives just as well as Dad.
Ich finde, Mama fährt (genau)so gut Auto wie Papa.

Wie beim Adjektiv gibt es auch beim Adverb verschiedene Möglichkeiten, einen Vergleich auszudrücken.

b Noel runs faster than me.
(= Noel runs faster than I do.)
Noel läuft schneller als ich.

Personalpronomen nach *than* und *as* stehen meist in der **Objektform**: *me, him, her, us, them.*

Anmerkungen

1 You're growing **faster and faster/more and more quickly.**
Du wächst immer schneller.

Zwei durch *and* verbundene Komparative entsprechen dem deutschen „immer schneller", „immer besser" usw.

2 **The more quietly** Karen spoke, **the more carefully** we listened.
Je leiser Karen sprach, desto/umso aufmerksamer hörten wir zu.

Das deutsche „je – desto" bzw. „je – umso" wird im Englischen durch *the – the* wiedergegeben.

Vergleiche mit Adjektiven ▶ 176

8–189 # *Stellung* *Word order*

188 ## *Übersicht*

Adverbien können an verschiedenen Stellen im Satz stehen. Es gibt drei grundlegende Stellungen:

front position		mid position		end position
adverb	+ subject +	**adverb**	+ main verb (+ object) +	**adverb**

a *Front position*

adverb	subject	
Suddenly	the car	stopped.

Plötzlich hielt das Auto an.

Anfangsstellung (► 189a):
Das Adverb steht **vor** dem **Subjekt**.

b *Mid position*

	adverb	main verb (+ object)
My sister	often	surfs the Net.

Meine Schwester surft oft im Internet.

Mittelstellung (► 189b):
Das Adverb steht **vor** dem **Verb** (+ Objekt).

	auxiliary	adverb	
You	can	always	ask me.
Caroline	doesn't	usually	come late.
The money	has	never	been found.

Du kannst mich immer fragen.
Caroline kommt normalerweise nicht zu spät.
Das Geld ist nie gefunden worden.

In Sätzen mit Hilfsverb steht das Adverb nach dem (ersten) Hilfsverb.

Anmerkung

Norman is **always** tired after school.
Norman ist nach der Schule immer müde.

Das Adverb steht nach einer Form des Vollverbs *be*.

Adverbstellung im amerikanischen Englisch ► 206

c *End position*

	main verb (+ object)	adverb
All of us	slept	badly.
Mr Abdalla	opened the door	quietly.

Wir alle haben schlecht geschlafen.
Herr Abdalla machte die Tür leise auf.

Endstellung (► 189c):
Das Adverb steht **nach** dem **Verb** (+ Objekt).

!

Mein Bruder spielt oft Fußball.
nicht: My brother ~~plays often football~~.
sondern: My brother often plays football.

Das Adverb darf im Englischen **nicht zwischen Verb** *(plays)* **und Objekt** *(football)* stehen.

189 Die Stellung der verschiedenen Arten von Adverbien

a Adverbien, die normalerweise am Satzanfang stehen (front position)

Unfortunately, it became quite cold.
Leider wurde es ziemlich kalt.

Luckily, we caught the last train.
Zum Glück haben wir den letzten Zug noch erwischt.

- **Satzadverbien**, die eine Stellungnahme des Sprechers/der Sprecherin zum Satzinhalt ausdrücken: *maybe, perhaps, of course, luckily* („zum Glück", „glücklicherweise"), *unfortunately* [ʌn'fɔːtʃənətli] („leider"), *hopefully* („hoffentlich"), …

Finally, I would like to thank everyone.
Abschließend möchte ich mich bei allen bedanken.

- **Satzadverbien**, die Sätze miteinander verbinden: *at first, then, in fact, finally, however* („jedoch"), …

b Adverbien, die normalerweise in der Satzmitte stehen (mid position)

We soon found Jill's house.
Wir haben Jills Haus bald gefunden.

Uncle Jack has just phoned.
Onkel Jack hat gerade angerufen.

- einige (kurze) Adverbien der **unbestimmten Zeit** wie *soon, now, just, still, ever, already*

We always go to the disco on Saturdays.
Samstags gehen wir immer in die Disko.

I can never remember her name.
Ich kann mir nie ihren Namen merken.

- Adverbien der **unbestimmten Häufigkeit** wie *always, often, usually, sometimes, never*

c Adverbien, die normalerweise am Satzende stehen (end position)

'I don't play the cello well,' she said quietly.
„Ich kann nicht gut Cello spielen", sagte sie leise.

- Adverbien der **Art und Weise** wie *beautifully, carefully, quickly, quietly, well*

John and Pat live abroad/in Denmark.
John und Pat leben im Ausland/in Dänemark.

- Adverbien des **Ortes** wie *here, there, abroad, everywhere, in London, to the station*

Craig sold his car yesterday/two years ago.
Craig hat gestern/vor zwei Jahren sein Auto verkauft.

- Adverbien der **bestimmten Zeit** wie *yesterday, today, on May 1st, in 1989, two years ago*

I've been to San Francisco twice.
Ich bin schon zweimal in San Francisco gewesen.

Our theatre group meets every Friday.
Unsere Theatergruppe trifft sich jeden Freitag.

- Adverbien der **bestimmten Häufigkeit** wie *once, twice, daily* („täglich") und **zusammengesetzte** Häufigkeitsangaben wie *several times, every Friday, most evenings*

	manner	place	time
Jason is flying		to New York	tomorrow.
Gina danced	wildly	at the party	last night.

Jason fliegt morgen nach New York.
Gina hat gestern Abend auf der Party wie wild getanzt.

Wenn am Satzende mehrere Adverbien zusammenkommen, gilt gewöhnlich folgende Reihenfolge:
Art und Weise – Ort – Zeit
(*manner – place – time*).

d Gradadverbien

Your new camera looks very expensive.
Deine neue Kamera sieht sehr teuer aus.

The biology homework was too difficult.
Die Biologiehausaufgaben waren zu schwierig.

Jo really believes he'll be famous one day.
Jo glaubt wirklich, dass er eines Tages berühmt sein wird.

Gradadverbien verstärken andere Wörter oder schwächen sie ab. Sie stehen meist direkt vor dem Wort, auf das sie sich beziehen.
Zu den Gradadverbien gehören:
very („sehr"), *hardly* („kaum", „fast nicht"), *just* („gerade", „genau"; „nur"), *too* („zu"), *really* („wirklich"), *nearly* („fast", „beinahe"), *quite* („ziemlich", „ganz"), *so* („so").

Anmerkung

Sometimes it seems as if we'll never finish.
Manchmal sieht es so aus, als ob wir nie fertig würden.

Amy didn't feel well yesterday. But **today** she's fine again.
Amy fühlte sich gestern nicht wohl. Aber heute geht es ihr wieder gut.

Wenn Adverbien nicht an der üblichen Stelle im Satz stehen, sind sie oft besonders hervorgehoben oder sie dienen der besseren Verknüpfung zweier Sätze in einem Text.

190 *Englische Verben anstelle deutscher Adverbien*
English verbal expressions for German adverbs

Kelly likes skiing, and she also enjoys snowboarding.
Kelly läuft gern Ski und sie fährt auch gern Snowboard.

Ben hates washing the dishes.
Ben wäscht sehr ungern/überhaupt nicht gern ab.

Do you prefer travelling by train or car?
Fahren Sie lieber mit dem Zug oder mit dem Auto?

Who wants to go on reading?
Wer möchte weiterlesen?

Laura keeps going out with the wrong guys.
Laura geht immer mit den falschen Typen aus.

Your sister seems to be ill.
Deine Schwester ist anscheinend krank.

I happened to meet an old friend in town.
Ich habe in der Stadt zufällig einen alten Freund getroffen.

I used to ['juːst tə] smoke but I gave up two years ago.
Ich habe früher geraucht, aber vor zwei Jahren habe ich damit aufgehört.

I didn't use to ['juːs tə] like Liz, but now we're friends.
Früher konnte ich Liz nicht leiden, aber jetzt sind wir Freunde.

I hope we'll catch the train.
Hoffentlich kriegen wir den Zug noch.

I suppose we'll all be late.
Wir werden wohl/vermutlich alle zu spät kommen.

Bestimmte englische Verbkonstruktionen werden im Deutschen meist durch Adverbien wiedergegeben.

'Arlen keeps bragging about running 26 miles. What he fails to tell people is that it took him eight months to do it.'

brag about angeben mit
fail to do nicht tun; versäumen zu tun

KAPITEL

18 Fragewörter Question words

191 Übersicht *Summary*

a Who saw the tennis match last night?
Who did you give the last ticket to?
Who did you ask?

Mit ***who*** („wer", „wem", „wen") fragt man nach Personen.

b Whose band won the competition?
Whose CD is this? = Whose is this CD?

Mit ***whose*** („wessen") fragt man nach Besitz oder Zugehörigkeit (*Whose is ...?* = „Wem gehört ...?").

⚠

Whose bike is that?
Wessen Fahrrad ist das? Wem gehört das Fahrrad?

Who's (= Who is) there? *Wer ist da?*
Who's (= Who has) got it? *Wer hat es?*

Whose („wessen") darf nicht mit *who's* („wer ist"; „wer hat") verwechselt werden.

c What (book) did you read?
What are you doing?

Mit ***what*** („was", „was für") fragt man nach Dingen bzw. Handlungen, Ereignissen usw.

d Which is the hottest month of the year?
Which English king had six wives?

Mit ***which*** („welcher") fragt man nach Dingen oder Personen.

e When did you arrive?
When did Mahatma Gandhi live?

Mit ***when*** („wann") fragt man nach dem Zeitpunkt oder Zeitraum.

f Where's Kenya?
Where are you going?

Mit ***where*** („wo", „wohin") fragt man nach dem Ort oder der Richtung.

g Why are you so late?

Mit ***why*** („warum", „weshalb") fragt man nach dem Grund oder der Ursache.

h How do you feel after your holiday?
How old is your dog?

Mit ***how*** („wie") fragt man nach der Art und Weise oder dem Ausmaß (*how old, how much, how far, ...*).

Wortstellung in Fragesätzen ► 5, 6
Wie man Fragewortfragen beantwortet ► 8

192 who – which

a Who is missing? | Who did you meet yesterday?
Wer fehlt? | *Wem bist du gestern begegnet?* / *Wen hast du gestern getroffen?*

Gewöhnlich fragt man nach Personen mit ***who*** („wer“, „wem“, „wen“).

b Which girl/Which of the girls is missing?
Welches Mädchen/Wer von den Mädchen fehlt?

Vor einem Nomen *(girl)* oder vor einer *of*-Fügung *(of the girls)* verwendet man ***which***.

⚠

Wer von euch kann helfen?
nicht: ~~Who of you~~ can help?
sondern: Which of you can help?

Who kann nicht vor einer *of*-Fügung stehen.

who und *which* in Relativsätzen ▶ 26 a

193 what – which

a What are your favourite magazines?
Was/Welches sind deine Lieblingszeitschriften?

What magazines do you read?
Was für Zeitschriften/Welche Zeitschriften liest du?

Mit ***what*** fragt man meist nach Dingen aus einer **großen**, **unbestimmten** Anzahl.

⚠

Was für eine Zeitschrift hast du gekauft?
nicht: ~~What for a magazine~~ did you buy?
sondern: What magazine did you buy?

What do you call this thing in English? /
What is this thing called in English?
Wie nennt man dieses Ding auf Englisch? /
Wie heißt dieses Ding auf Englisch?

Feststehende Wendungen mit *what* sind z.B.:

What time is it?	Wie spät ist es?
What colour is it?	Welche Farbe hat es?
What size are you?	Welche Größe hast du?
What do you call this?	Wie nennt man das?

b Which magazine do you like better? *Teen* or *J-17*?
Welche Zeitschrift findest du besser? Teen *oder* J-17*?*

Which do you prefer? Books or magazines?
Was liest du lieber? Bücher oder Zeitschriften?

Mit ***which*** fragt man meist nach Dingen aus einer **kleineren**, **begrenzten** Anzahl.

c What part/Which part of England are you from?
Aus welchem Teil Englands kommen Sie?

What und *which* sind manchmal austauschbar.

⚠

Which of these magazines should I buy?
Welche von diesen Zeitschriften soll ich kaufen?

Vor einer *of*-Fügung *(of these magazines)* darf nur *which* stehen.

KAPITEL

19 Präpositionen *Prepositions*

194 Übersicht *Summary*

a Dan told his father about the match.
Dan berichtete seinem Vater von dem Spiel.

Can I sit next to you?
Kann ich neben dir sitzen?

Präpositionen (Verhältniswörter) können aus einem oder mehreren Wörtern bestehen.

b The first telephone was made in the USA.
Das erste Telefon wurde in den USA hergestellt.

We arrived on Sunday.
Wir sind am Sonntag angekommen.

Because of the snow all the trains were late.
Wegen des Schnees hatten alle Züge Verspätung.

in Scotland	in 1999	rich in oil
in Schottland	*(im Jahr) 1999*	*reich an Öl*
(räumlich)	(zeitlich)	(übertragen)

Präpositionen drücken unterschiedliche Beziehungen zwischen Personen, Dingen usw. aus:
- **räumliche** Beziehungen, ▶ 195
- **zeitliche** Beziehungen, ▶ 196
- **sonstige** Beziehungen (die Präposition leitet z.B. eine Begründung ein). ▶ 197

Oft kann eine Präposition verschiedene Beziehungen ausdrücken.
Häufig haben Präpositionen auch eine übertragene (nicht wörtliche) Bedeutung.

c Libby lives in York now. I don't often talk to her.
Libby lebt jetzt in York. Ich spreche nicht oft mit ihr.

Präpositionen stehen normalerweise vor einem **Nomen** *(York)* oder **Pronomen** *(her)*.

Präpositionen + Gerundium ▶ 106–110

d What are you looking for? – The CD we talked about.
Was suchst du? – Die CD, über die wir gesprochen haben.

Mr Betts needs someone to talk to.
Herr Betts braucht jemand, mit dem er reden kann.

Last week our flat was broken into.
Letzte Woche wurde in unsere Wohnung eingebrochen.

Präpositionen stehen aber – anders als im Deutschen – **am Ende** von
- Fragesätzen mit *who, what, where* usw. *(What are you looking for?)*, ▶ 5 d
- Relativsätzen *(the CD we talked about)*, ▶ 27
- Infinitivkonstruktionen *(someone to talk to)*,
- Passivsätzen *(was broken into)*. ▶ 89

e Did you believe in ghosts as a child?
Hast du als Kind an Geister geglaubt?

Sarah is really good at sports.
Sarah ist in Sport wirklich gut.

What's the difference between these two printers?
Was ist der Unterschied zwischen diesen beiden Druckern?

Präpositionen können mit vorausgehenden Wörtern verbunden sein:
- **Verb + Präposition** *(believe in)*,
- **Adjektiv + Präposition** *(good at)*,
- **Nomen + Präposition** *(difference between)*.

195 *Präpositionen des Ortes und der Richtung*
Prepositions of place and movement

above

We were flying above the clouds. — *über den Wolken, oberhalb der Wolken*

⚠

I've stuck a poster above/over my bed.
Ich habe ein Poster über mein Bett gehängt.

Above und *over* können oft unterschiedslos verwendet werden.

Chuck jumped over the wall.
Chuck sprang über die Mauer.

Wenn eine Bewegung beschrieben wird, kann jedoch nur *over* stehen.

across

The man walked across the street to the other side.

über die Straße

after

The police officer ran after the thief.

hinter dem Dieb her

against

A boy was kicking a ball against the wall.

an die Mauer, gegen die Mauer

ahead of

You'll see the castle ahead of you. — *vor dir*

along

A boat was going along the canal.

den Kanal entlang

among

I found this photo among some old letters. — *unter ein paar alten Briefen, zwischen ein paar alten Briefen*

⚠

Rob feels happiest among friends.
Rob fühlt sich am wohlsten unter Freunden.

Among bezieht sich auf eine Gruppe von Menschen oder Dingen.

Rob sat between Mary and Kathy.
Rob saß zwischen Mary und Kathy.

Between bezieht sich auf zwei Personen oder Dinge.

around

We sat around the table. — *um den Tisch (herum)*
Let's walk around the lake. — *um den See (herum)*

round ▶ 195 (S. 137)

at

The bus stopped at the church. — *an der Kirche*
My aunt works at a bank. — *bei einer Bank, in einer Bank*
Frank is at Bob's (house)/at the doctor('s). — *bei Bob/beim Arzt* ▶ 135 b
at home — *zu Hause*
at school — *in der Schule*
at work — *bei der Arbeit, am Arbeitsplatz*
at 10 Downing Street — *in der Downing Street (Nr.) 10*
at a party — *auf einer Party*
at the back — *hinten, an/auf der Rückseite*
at the front — *vorn, an/auf der Vorderseite*

behind

The car behind us was driving too close. — *hinter uns*

below

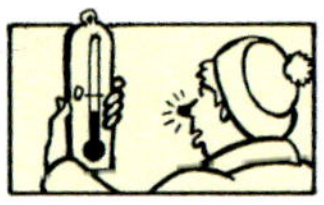

The temperature dropped below zero. — *unter null*

between

The thief had to sit between two police officers in the police van. — *zwischen zwei Polizisten*

among ▶ 195 (S. 133)

beyond

Innsbruck lies just beyond the mountains on the right. — *jenseits der Berge*
The road goes beyond the village and into the fields. — *über das Dorf hinaus*

by

We camped by a lake. — *(nahe) an einem See*

close to [kləʊs]

Helen waited close to the entrance. — *dicht am Eingang, nahe am Eingang*

down

Stones were rolling down the hill. — *den Hügel hinunter, den Hügel hinab*

for

Is this the bus for Glasgow? — *nach Glasgow*

from

The flight from London to Berlin was late. — *von London nach Berlin*
Has the train from Liverpool arrived? — *aus Liverpool*

⚠

a postcard from New York
eine Postkarte aus New York
Hier wird gesagt, woher die Postkarte kommt.

a postcard of New York
eine Postkarte von New York
Hier wird gesagt, was auf der Postkarte zu sehen ist.

of ► 136

in

Cathy saw a lion in a cage. — *in einem Käfig*
Which is the biggest city in the world? — *auf der Welt*
in the country — *auf dem Land*
in town — *in der Stadt*
in the picture/photo — *auf dem Bild/Foto*
in the sky — *am Himmel*
in the field — *auf dem Feld/der Wiese/der Weide*
in the street (AE: on the street) — *auf der Straße*

in front of

The dog is sitting in front of the door. — *vor der Tür*

before ► 196 (S. 138)

inside

What's inside this big box? — *in dieser großen Kiste (drin)*

into

Let's go into the house. — *ins Haus (hinein)*

⚠

Sophie was in the room.
Sophie war im Zimmer.
Frage: wo?

Frida went into the room.
Frida ging ins Zimmer.
Frage: wohin?

The man jumped in his car and drove off.
Der Mann sprang in sein Auto und fuhr davon.
Nach *fall*, *jump*, *throw*, *push* und *put* steht oft *in* anstelle von *into*.

near

Jane was standing near the window. — *(nah) am Fenster, (nah) beim Fenster*
Ashton is a village near Chester. — *in der Nähe von Chester*

next to

Mike sat down next to Mrs Ahmed.

neben Frau Ahmed

off

The books fell off the shelf.
The cat jumped down off the garage.

vom Regal herunter
von der Garage (herunter/hinunter)

on

Don't sit on the floor.	*auf dem/den Fußboden*
Who wrote these words on the board/wall?	*an die Tafel/Wand*
Look at the picture on page 13.	*auf Seite 13*
I like lying on the beach.	*am Strand*
It was a nice day on the coast.	*an der Küste*
London lies on the Thames.	*an der Themse*
Maureen's flat is on the fifth floor.	*im fünften Stock, in der fünften Etage*
We met on the bus/train/plane to Paris.	*im Bus/Zug/Flugzeug*
Martin is on his way to school.	*unterwegs, auf dem Weg*
Today I'm the happiest man on earth.	*auf der Erde, auf Erden*
on the left/right	*links/rechts, auf der linken/rechten Seite*

onto

The cat jumped onto the table. — *auf den Tisch (hinauf)*

⚠

The bottle fell off the table onto the floor.
Die Flasche fiel vom Tisch auf den Boden.

Frage: wohin?

The bottle was on the floor.
Die Flasche lag auf dem Boden.

Frage: wo?

on top of

Put this CD on top of the others.

(oben) auf die anderen

opposite

Charles was sitting opposite Eve.

gegenüber von Eve

out of

Max was looking out of the window.
My aunt works in the city centre
but lives out of town.

aus dem Fenster
außerhalb (der Stadt)

outside

Tom waited outside the museum.
It's a small village just outside Bristol.

draußen vor dem Museum
außerhalb von Bristol

over

There were black clouds over the airport.
Put a blanket over the sleeping child.
They looked over the wall.

über dem Flughafen
über das schlafende Kind
über die Mauer

above ▶ 195 (S. 133)

past

Walk past the cinema and then turn right.

am Kino vorbei

round (BE)

We sat round the table.
The tourists walked round the lake.

um den Tisch (herum)
um den See (herum)

around ▶ 195 (S. 134)

through

The thief got in through one of the windows.

durch eines der Fenster

to

We're going to Spain for our holidays. — *nach Spanien*
Kevin was taken to hospital after his accident. — *ins Krankenhaus*
Mrs Cook drove us to the station. — *zum Bahnhof*
Jeremy has gone to the toilet. — *auf die Toilette, zur Toilette*
I've never been to Italy before. — *in Italien*

towards

The ball was rolling towards the hole.

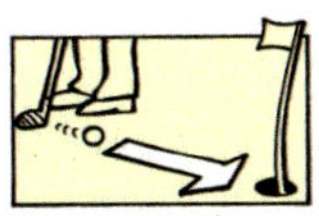

auf das Loch zu

under

The cat lay under the bed.
Do oil pipelines go under the sea?

unter dem Bett
unter dem Meer

up

The old man went up the stairs slowly.

die Treppe hinauf

196 *Präpositionen der Zeit* *Prepositions of time*

after

We went swimming after breakfast.	*nach dem Frühstück*
after that	*danach*

„nach" in Uhrzeiten ► 213a

at

Let's leave at eight o'clock.	(*at* + Uhrzeit)	*um acht Uhr*
I'll see you at lunchtime.	(*at* + Essenszeit)	*zur Mittagszeit, mittags*
I'll be alone at Christmas.	(*at* + Fest wie Weihnachten, Ostern usw.)	*an/zu Weihnachten*
at the weekend (AE: on the weekend)		*am Wochenende*
at night		*in der Nacht, nachts*
at the moment		*im Moment, gerade, zurzeit*
at the same time		*zur gleichen Zeit, gleichzeitig*
at (the age of) 42		*im Alter von 42 Jahren, mit 42*
at first		*zuerst, zunächst, anfangs*
at last		*endlich, schließlich*
at once		*sofort, (so)gleich*
at the beginning/at the end (of the film)		*am Anfang/am Ende/Schluss (des Films)*

!

At the end of Fatima's talk we all clapped.
Am Ende von Fatimas Referat haben wir alle geklatscht.

At the end (of) bedeutet „am Ende (von)".

I waited ages for a bus. In the end I just walked home.
... Schließlich bin ich einfach nach Hause gelaufen.

In the end bedeutet „schließlich", „zum Schluss".

before

We went swimming before breakfast.	*vor dem Frühstück*

!

I usually get up before my sister.
Ich stehe normalerweise vor meiner Schwester auf.

Before drückt meist eine zeitliche Beziehung oder eine Reihenfolge aus.

Don't leave your motorbike in front of the house.
Lass dein Motorrad nicht vor dem Haus stehen.

In front of drückt eine örtliche Beziehung aus.

„vor" in Uhrzeiten ► 213a

between

I'm usually free between ten and twelve.	*zwischen zehn (Uhr) und zwölf (Uhr)*

by

Can you fix the camera by tomorrow?	*(spätestens) bis morgen*
by then	*bis dahin, (bis) dann*
by day	*tagsüber, bei Tag*

during

I often work during the holidays. — *während der Ferien, in den Ferien*
Sometimes I work at night and sleep during the day. — *am Tag, tagsüber*

⚠

My mobile rang during the show.
Mein Handy klingelte während der Show.

Die Präposition *during* steht vor einem Nomen (*the show*).

My mobile rang while we were watching the show.
Mein Handy klingelte, während wir uns die Show ansahen.

Die Konjunktion *while* leitet einen Nebensatz ein (*we were watching the show*).

for

I've had this computer for five years. — *seit fünf Jahren, schon fünf Jahre lang*
for a long time — *lange Zeit, seit langem*
for the first time — *zum ersten Mal*

since ► 196 (S. 140)

from

We're open from nine till six. — *von neun (Uhr) bis sechs (Uhr)*

in

My birthday is in April. — *im April*
We always go to France in (the) summer. — *im Sommer*
It rained a lot in 2002. — *(im Jahre) 2002*

I can't work well in the morning. — *am Morgen/Vormittag, morgens/vormittags*
I sometimes work in the afternoon. — *am Nachmittag, nachmittags*
I work best in the evenings. — *am Abend, abends*

⚠

Most people work during the day and sleep at night.
Die meisten Leute arbeiten am Tag und schlafen nachts.

„Nachts", „in der Nacht" heißt *at night*.

The old woman died on the morning of 6th March.
Die alte Frau starb am Morgen des 6. März.

Wenn *morning*, *afternoon*, *evening* oder *night* näher bestimmt sind, verwendet man *on*.

I sometimes work on Saturday afternoon.
Ich arbeite manchmal am Samstagnachmittag.

It all happened on the first night.
Alles geschah in der ersten Nacht.

Please, wait here, I'll be back in a minute. — *gleich, sofort*
In future, ask before you take my bike. — *in Zukunft, ab jetzt*
What will happen in the future? — *in der Zukunft*
in those days — *damals*

on

Let's meet on Saturday.	(*on* + Wochentag)	*am Samstag*
I'm going home on Christmas Day.	(*on* + Feiertag)	*am ersten Weihnachtsfeiertag*
My birthday is on April 2nd.	(*on* + Datum)	*am 2. April*
on my birthday		*an meinem Geburtstag*
on the following day		*am folgenden Tag*

on Saturday afternoon usw. ► 196 ⚠ bei *in* (S. 139)

⚠

We met last Monday.
Wir trafen uns (am) letzten Montag.

You must come again next year.
Du musst nächstes Jahr/im nächsten Jahr wiederkommen.

Kein *at*, *in*, *on* vor Zeitangaben mit *last*, *next*, *this*, *every*!

past

It was five (minutes) past nine. — *nach neun (Uhr)*

Uhrzeit ► 213

since

I've known Caroline since 1997. — *seit 1997*

⚠

We've been here since two o'clock.
Wir sind schon seit zwei Uhr hier. — *since* + Zeitpunkt

We've been here for two hours.
Wir sind schon (seit) zwei Stunden hier. — *for* + Zeitraum

since und *for* mit dem *present perfect* ► 65

till/until

The shops are open till/until eight. — *bis acht (Uhr)*
Georgia won't be here till/until tomorrow. — *erst morgen, nicht vor morgen*

⚠

Kannst du das bis nächsten Montag fertig machen?
nicht: Can you finish that ~~till/until next Monday~~?
sondern: Can you finish that by next Monday?

„Bis" in der Bedeutung „nicht später als", „bis spätestens" heißt *by*.

to

It's five (minutes) to nine. — *vor neun (Uhr)*
This shop is open from 7 am to 9 pm. — *von 7 Uhr bis 21 Uhr*

Uhrzeit ► 213

197 *Sonstige Präpositionen und Wendungen* *Other prepositions and phrases*

about

Can you give me that book about horses?	*über Pferde*
I'm phoning about the party.	*wegen der Party*
The story is about two Indian girls.	*(handelt) von zwei indischen Mädchen*
I heard about your accident.	*von deinem Unfall*
dream about	*träumen von*
know about	*wissen von/über, sich auskennen in*
do something about	*etwas unternehmen gegen*
How about …? / What about …?	*Wie wäre es mit …?*
What about Erica?	*Was ist mit Erica? Und Erica?*

above

Jeff's marks in maths are above average.	*über dem Durchschnitt*
above all	*vor allem*

!

Children over twelve pay full price on all airlines. *Kinder über 12 zahlen bei allen Fluglinien den vollen Preis.*	Für „über" + Zahl/Altersangabe/Zeitangabe verwendet man in der Regel *over*.
It's cold today – only two degrees above zero. *Es ist kalt heute – nur zwei Grad über null.*	Für das deutsche „über null (Grad)" ist nur *above zero* möglich.

after

N comes after M in the alphabet.	*nach M*

against

Everybody was against my idea.	*gegen meine Idee*

at

We were driving at 60 miles an hour.	*mit 60 Meilen pro Stunde*
at least	*mindestens, wenigstens; zumindest*
(not) at all	*überhaupt (nicht)*
good/bad at sports	*gut/schlecht in Sport*

because of

Bob stayed at home because of the storm.	*wegen des Sturms, wegen dem Sturm*

by

The thief was caught by the police.	*von der Polizei* ▶ 87b
The town was destroyed by an earthquake.	*durch ein Erdbeben* ▶ 87b
I'm sorry, I opened one of your letters by mistake.	*aus Versehen, irrtümlich*
Sally goes to school by bus.	*mit dem Bus*

for

Are all these presents for me?	*für mich*
What did you get for your birthday?	*zu deinem Geburtstag*
We went out for a meal.	*zum Essen*
What's for lunch?	*zum Mittagessen*
My father works for a computer company.	*bei einer Computerfirma*
Munich is famous for its beer.	*für sein Bier*
for fun	*aus Spaß*
for a change	*zur Abwechslung*
for example	*zum Beispiel*
for sale	*zu verkaufen, zum Verkauf*
for this reason	*aus diesem Grund*
What did you do that for?	*warum, wozu*

for + Personenobjekt ▶ 17 c

from

This watch is a present from my parents.	*von meinen Eltern*

in

The instructions were given in French.	*auf Französisch*
have sth. in common	*etwas (miteinander) gemein haben*
in fact	*eigentlich, genau gesagt; in Wirklichkeit*
in general	*im Allgemeinen*
in a hurry	*in Eile*
in my opinion	*meiner Meinung nach*
in my experience [ɪk'spɪəriəns]	*meiner Erfahrung nach*
in your own words	*mit (deinen) eigenen Worten*
in a loud voice	*mit lauter Stimme*
in your own way	*auf deine (eigene) Art und Weise*
in this weather	*bei diesem Wetter*
in love (with)	*verliebt (in)*
work in television	*beim Fernsehen arbeiten*
interested in history	*interessiert an Geschichte*

instead of

We sometimes drink coffee instead of tea.	*(an)statt Tee, anstelle von Tee*

into

Translate the sentence into German.	*ins Deutsche*
I'm into techno.	*Ich stehe auf Techno(musik).*

like

You're acting like children.	*wie Kinder*

of ▶ 136

on

Let's get on board (the ship).	*an Bord (des Schiffs)*
on the phone	*am Telefon*
on the radio; on TV	*im Radio; im Fernsehen*
on the show	*in der Show/Sendung*
on the Internet	*im Internet (schauen, suchen, finden)*

⚠ !

I was surfing the Internet last night.
Ich habe gestern Abend im Internet gesurft.

„Im Internet surfen" heißt *surf the Internet* (also ohne *in* oder *on*).

on the move	*unterwegs, auf Achse*
on holiday (BE)/on vacation (AE)	*im Urlaub*
on a visit (to New York/to my aunt)	*zu Besuch (in New York/bei meiner Tante)*
on my/your/his/her/our/their own	*allein; ohne Hilfe*
on purpose	*absichtlich, mit Absicht*
on the one hand, … on the other hand	*einerseits …, andererseits*
a test on prepositions	*ein Test über Präpositionen*
questions on the text	*Fragen zum Text*

over/under

My father is over two metres tall.	*über zwei Meter, mehr als zwei Meter*
It takes under an hour to get there.	*unter eine Stunde, weniger als eine Stunde*

to

Reg sent an e-mail to his aunt.	*an seine Tante, seiner Tante* ▶ 17 c/e
to my surprise	*zu meiner Überraschung*
a visit to Vienna/to my aunt	*ein Besuch Wiens/bei meiner Tante*
the answer to your question	*die Antwort auf deine Frage*
welcome to Wales	*willkommen in Wales*
married to Kirsten	*mit Kirsten verheiratet*

towards

Our teachers are very friendly towards us.	*zu uns, uns gegenüber*

with

Jack cut the sausage with a knife.	*mit einem Messer*
We've got a house with a garden.	*mit Garten*
Tom still lives with his parents.	*bei seinen Eltern*
angry with Kitty	*wütend auf Kitty*
pleased with the results	*zufrieden mit den Ergebnissen*
popular with children	*beliebt bei Kindern*
be fed up with waiting	*es satt haben, zu warten*

without

You can't travel to this country without a passport.	*ohne (einen) Reisepass*

KAPITEL

20 Häufige Fehler *Common mistakes*

Die folgende (alphabetisch geordnete) Liste enthält Wörter und Strukturen, bei denen man besonders aufpassen muss, um keine Fehler zu machen. Man kann seine Kenntnisse mit dieser Liste leicht selbst überprüfen (z.B. vor einer Klassenarbeit oder vor Prüfungen), indem man die mittlere und die rechte Spalte abdeckt und sagt, was der deutsche Satz auf Englisch heißt.

1 „als" (beim Vergleich)

Mein Handy ist kleiner als Tinas.	nicht: My mobile is ~~smaller as~~ Tina's. nicht: My mobile is ~~smaller then~~ Tina's. sondern: My mobile is smaller than Tina's.	„Als" nach einer Steigerungsform („kleiner", „leichter", …) heißt *than*.

Vergleiche in Sätzen ▶ 176 a, 187 a

2 Artikel: *a/an*

Komm in einer Stunde wieder!	nicht: Come back in ~~a hour~~. sondern: Come back in an hour.	• Ob *a* oder *an* verwendet wird, hängt von der Aussprache des folgenden Wortes ab, nicht von der Schreibung.
Ich brauche eine Uniform.	nicht: I need ~~an uniform~~. sondern: I need a uniform.	
Mandy ist Ärztin.	nicht: Mandy is ~~doctor~~. sondern: Mandy is a doctor.	• Vor Berufsangaben steht *a/an*.
Ich gehe zweimal in der Woche aus.	nicht: I go out ~~twice in the week~~. sondern: I go out twice a week.	• Vor Zeitangaben steht *a/an* im Sinne von „pro".

a/an ▶ 144, 145 a, 147

3 Artikel: *the*

Das Leben ist zu kurz.	nicht: ~~The life~~ is too short. sondern: Life is too short.	Allgemein gebrauchte abstrakte Nomen (*life, love, history* usw.) und *people* (ohne nähere Bestimmung) stehen ohne *the*.
Es ist mir egal, was die Leute denken.	nicht: I don't care what ~~the people~~ think. sondern: I don't care what people think.	

the ▶ 138

4 Bedingungssätze

Wenn es heute regnet, bleibe ich hier.	nicht: ~~When~~ it rains today, I'll stay here. sondern: If it rains today, I'll stay here.	• „Wenn" im Sinne von „falls" heißt *if*.
Wenn der Bus zu spät kommt, verpasse ich den Film.	nicht: If the bus is late, I ~~miss~~ the film. sondern: If the bus is late, I'll miss the film.	• Bedingungssatz (Typ I): *simple present* im *if*-Satz, *will-future* im Hauptsatz.
Wenn du mehr schlafen würdest, hättest du mehr Energie.	nicht: If you ~~would sleep~~ more, you ~~had~~ more energy. sondern: If you slept more, you would have more energy.	• Bedingungssatz (Typ II): kein *would* im *if*-Satz, aber *would* im Hauptsatz.

Bedingungssätze ▶ 21⚠, 22, 23

5 „beide"

Die beiden DVDs sind toll.	nicht: ~~The both~~ DVDs are great. sondern: Both (of) the DVDs are great. oder: The two DVDs are great.	Die Begleiter *the/my/these* usw. stehen nach *both*.

both + Begleiter ▶ 142, 170

6 „…, der/die/das“ (Relativpronomen)

Ich kenne viele Leute, die rauchen.	nicht:	I know a lot of ~~people which~~ smoke.	Bei Personen steht das Relativpronomen *who* (oder manchmal auch *that*). *Which* bezieht sich nur auf Dinge.
	sondern:	I know a lot of people who/that smoke.	

Relativpronomen ► 26 a

7 „erklären“

Kannst du mir das Spiel erklären?	nicht:	Can you ~~explain me the game~~?	Man sagt *explain something <u>to</u> somebody*.
	sondern:	Can you explain the game to me?	

Stellung des Personenobjekts ► 17 e

8 Fragen

Was bedeutet dieser Ausdruck?	nicht:	What ~~means this expression~~?	• Fragen im *simple present* werden mit *do/does* gebildet.
	sondern:	What does this expression mean?	
Machst du jeden Tag die Einkäufe?	nicht:	~~Do you~~ the shopping every day?	• Das Hilfsverb *do* muss auch beim Vollverb *do* („machen“) stehen.
	sondern:	Do you do the shopping every day?	
Wo wohnte die Frau?	nicht:	Where ~~lived the woman~~?	• Fragen im *simple past* werden mit *did* gebildet.
	sondern:	Where did the woman live?	
Wer weiß die Antwort?	nicht:	~~Who does know~~ the answer?	• Kein *do/does/did* in Fragen nach dem Subjekt („wer oder was?“)!
	sondern:	Who knows the answer?	

Wortstellung in Fragen ► 5 a/b, 6

9 „gestern“

Wir sind gestern angekommen.	nicht:	We ~~have arrived~~ yesterday.	*Yesterday* („gestern“) steht mit dem *simple past*.
	sondern:	We arrived yesterday.	

Simple past ► 69 a

10 „es gibt“

In unserem Dorf gibt es eine Schule und (es gibt) zwei Diskos.	nicht:	~~It gives~~ a school in our village, and ~~it gives~~ two discos.	„es gibt“ = *there is, there are*
	sondern:	There is a school in our village, and there are two discos.	

there is/are ► 45 b

11 „gut“

Meine Schwester kann gut singen.	nicht:	My sister can ~~sing good~~.	Um zu sagen, wie jemand etwas tut, verwendet man ein Adverb. Das Adverb zu *good* ist *well*.
	sondern:	My sister can sing well.	

Adverbien ► 179 a, 181 e

12 „hart/schwer“

Ich habe letzte Woche hart für die Prüfungen gearbeitet.	nicht:	I worked ~~hardly~~ for the exams last week.	*Hard* wird als Adjektiv und Adverb verwendet. *Hardly* bedeutet „kaum“: *I hardly worked for the exams.*
	sondern:	I worked hard for the exams last week.	

hard, hardly ► 182, 183

13 „Hausaufgaben“

Diese Hausaufgaben sind zu schwierig.	nicht:	~~These homeworks are~~ too difficult.	*Homework* steht immer im Singular (aber nie mit *a*).
	sondern:	This homework is too difficult.	

Nicht zählbare Nomen ► 133 c

14 Indirekte Fragen

Die Kinder wollen wissen, wo Clive wohnt.	nicht: The children want to know ~~where does Clive live~~. sondern: The children want to know where Clive lives.	Wortstellung in indirekten Fragen wie in Aussagesätzen: Subjekt *(Clive)* + Prädikat *(lives)*, ohne *do/does/did*.

Indirekte Fragen ▶ 126 ⚠

15 „Informationen"

Kannst du mir diese Informationen e-mailen?	nicht: Can you e-mail me ~~these informations~~? sondern: Can you e-mail me this information?	*Information* steht immer im Singular (aber nie mit *a/an*).

Nicht zählbare Nomen ▶ 133 c

16 „lassen"

Jane ließ zu, dass ich sie küsste.	nicht: Jane ~~let that I kissed~~ her. sondern: Jane let me kiss her.	▪ *let somebody do something* = „zulassen, dass jemand etwas tut"
Herr Hill lässt seine Schüler oft Tests schreiben.	nicht: Mr Hill often ~~makes his pupils to do~~ tests. nicht: Mr Hill often lets his pupils do tests. *(= Herr Hill erlaubt seinen Schülern oft, Tests zu schreiben.)* sondern: Mr Hill often makes his pupils do tests.	▪ *make somebody do something* = „jemand dazu veranlassen, etwas zu tun"
Du solltest diesen Mantel reinigen lassen.	nicht: You should ~~let this coat clean~~. sondern: You should have this coat cleaned.	▪ *have something done* = „etwas (von jemand anderem) tun lassen"

let/make + Objekt + Infinitiv ohne *to* ▶ 101
have something done ▶ 117

17 „(der/die/das) meiste"

Die meisten englischen Dörfer haben ein Pub.	nicht: ~~The most~~ English villages have got a pub. sondern: Most English villages have got a pub.	Kein *the* bei *most* („die Mehrheit"), wenn ein allgemein gebrauchtes Nomen folgt.

Artikelgebrauch bei *most* ▶ 142

18 „muss nicht"/„braucht nicht"

Du musst nicht auf mich warten.	nicht: You mustn't wait for me. *(= Du darfst nicht auf mich warten.)* sondern: You needn't wait for me. oder: You don't have to wait for me.	Das Gegenteil von *must* ist *needn't* oder *don't/doesn't have to*. (*You mustn't* bedeutet „du darfst nicht".)

needn't, don't have to, mustn't ▶ 34 a, 35 a

19 Passiv

Ich wurde von dem Dieb angegriffen.	nicht: I was attacked ~~from the thief~~. sondern: I was attacked by the thief.	▪ „Von" beim Passiv heißt *by*.
Mir ist eine Stelle angeboten worden.	nicht: ~~Me has been offered~~ a job. sondern: I have been offered a job.	▪ Mit *offer* bildet man ein „persönliches Passiv" *(I have been offered)*.

Passiv ▶ 87 b, 90

20 „Polizei“

Die Polizei ist da.	nicht: The ~~police is~~ here. sondern: The police are here.	*Police* wird nur als Plural verwendet.

Gruppenbezeichnungen ► 132 a

21 „Rat(schlag)“

Michael gab mir einen Rat(schlag).	nicht: Michael gave me ~~an advice~~. sondern: Michael gave me some advice.	*Advice* steht immer im Singular, aber nie mit *a/an*.

Nicht zählbare Nomen ► 133 c

22 -*s* in der 3. Person Singular des *simple present*

Sie mag dieses Lied.	nicht: ~~She like~~ this song. sondern: She likes this song.	▪ Nach *he/she/it* endet das Verb im *simple present* auf -*s*.
Sie mag dieses Lied nicht.	nicht: She ~~doesn't likes~~ this song. sondern: She doesn't like this song.	▪ Nach *does* steht der Infinitiv *(like)*, nicht die -*s*-Form.

Simple present ► 4 b, 58

23 „schlechter“/„schlimmer“

Letzte Woche war das Wetter schlechter.	nicht: Last week the weather was ~~bad(d)er~~. nicht: Last week the weather was ~~more bad~~. nicht: Last week the weather was ~~worser~~. sondern: Last week the weather was worse.	Die Steigerungsformen von *bad* lauten *worse* („schlechter“/ „schlimmer“) und *worst* („am schlechtesten/schlimmsten“).

Unregelmäßige Steigerung ► 173 d

24 „seit“

Ich bin seit gestern hier.	nicht: I ~~am~~ here since yesterday. sondern: I've been here since yesterday.	▪ Wie lange etwas schon andauert, sagt man mit dem *present perfect*.
Wir wohnen seit vier Jahren hier.	nicht: We've lived here ~~since four years~~. sondern: We've lived here for four years.	▪ *For* + Zeitspanne *(four years)*, *since* + Zeitpunkt *(yesterday)*.

Present perfect ► 64 b
since, for ► 65

25 „sich (mich/dich/…)“ (Reflexivpronomen)

Autsch. Ich habe mich geschnitten.	nicht: Ouch. I~~'ve cut me~~. sondern: Ouch. I've cut myself.	▪ „Mich“ bezieht sich hier auf das Subjekt „ich“ zurück. Daher muss man das Reflexivpronomen *myself* (nicht: *me*) verwenden.
Treffen wir uns später.	nicht: Let's ~~meet ourselves~~ later. sondern: Let's meet later.	▪ *Meet* wird nicht mit *myself*, *ourselves* usw. verwendet.
Jim und Abby kennen sich.	nicht: Jim and Abby know ~~themselves~~. sondern: Jim and Abby know each other.	▪ *each other* = „sich gegenseitig“, „einander“ (*themselves* = „sich selbst“)

Reflexivpronomen ► 157
each other ► 158

26 „sich darauf freuen“

Ich freue mich darauf, dich zu sehen.	nicht: I'm looking forward ~~to see~~ you. sondern: I'm looking forward to seeing you.	In *look forward to* ist *to* eine Präposition. Daher muss die -*ing*-Form (das Gerundium) folgen.

Verben + Präposition + Gerundium ► 109

27 Verlaufsform und einfache Form

Oh nein, es regnet schon wieder.	nicht: sondern:	Oh no, it ~~rains~~ again. Oh no, it's raining again.	▪ Für ein Geschehen, das gerade im Verlauf ist: *present progressive.*
Wir sehen oft fern.	nicht: sondern:	We~~'re often watching~~ TV. We often watch TV.	▪ Für regelmäßig wiederkehrende Tätigkeiten oder Vorgänge: *simple present.*

Einfache Form und Verlaufsform ▶ 57, 62

28 Verneinung

Hunde spielen nicht mit Katzen.	nicht: sondern:	Dogs ~~play not~~ with cats. Dogs don't play with cats.	Verneinte Sätze im *simple present* und *simple past* werden mit *do not/does not/did not* gebildet.

Verneinung ▶ 4 b

29 „vor" (bei Zeitangaben)

Sue ist vor fünf Minuten angekommen.	nicht: nicht: sondern:	Sue arrived ~~for five minutes~~. Sue ~~has arrived~~ five minutes ago. Sue arrived five minutes ago.	„Vor" + Zeitangabe = … *ago* (*ago* steht <u>nach</u> der Zeitangabe). *Ago* steht mit dem *simple past.*

Simple past ▶ 69 a

30 „vorschlagen"

Ashraf schlug vor zu warten.	nicht: sondern:	Ashraf suggested ~~to wait~~. Ashraf suggested waiting.	Nach *suggest* steht die *-ing*-Form (das Gerundium).

Verben + Gerundium ▶ 105 a

31 „wollen"

Ich will nach Spanien fahren.	nicht: sondern:	I will go to Spain. *(= Ich werde nach Spanien fahren.)* I want to go to Spain.	▪ „etwas tun wollen" = *want to do sth.*
Meine Mutter will, dass ich gehe.	nicht: sondern:	My mother ~~wants that I go~~. My mother wants me to go.	▪ „wollen, dass jemand anderes etwas tut" = *want sb. to do sth., would like sb. to do sth.*
Wir möchten, dass er kommt.	nicht: sondern:	We~~'d like that he comes~~. We'd like him to come.	

want/would like to do sth. ▶ 92 b
want/would like sb. to do sth. ▶ 93 b

32 Wortstellung

Plötzlich hörte ich ein Geräusch.	nicht: sondern:	Suddenly ~~heard I~~ a noise. Suddenly I heard a noise.	▪ Die Wortstellung in Aussagesätzen ist immer: Subjekt *(I)* – Prädikat *(heard).*
Wir essen oft Pizza.	nicht: sondern:	We ~~eat often~~ pizza. We often eat pizza.	▪ Verb *(eat)* und Objekt *(pizza)* dürfen nicht getrennt werden.

Wortstellung in Aussagesätzen ▶ 3
Stellung der Adverbien ▶ 188, 189

33 Zukunft

Wir fliegen morgen nach Hause.	nicht: sondern: oder:	We ~~fly~~ home tomorrow. We are flying home tomorrow. We are going to fly home tomorrow.	Für Pläne und Verabredungen: *present progressive* oder *going to-future.*

Present progressive für Zukünftiges ▶ 80
Going to-future ▶ 79 a

Anhang Appendix

198–201 Wortbildung Word-building

198 Zusammensetzungen

teacup *Teetasse* · computer game *Computerspiel*
sleeping bag *Schlafsack* · dining room *Esszimmer*
handwriting *Handschrift* · home banking
blackboard *Schultafel* · World Wide Web

dark brown *dunkelbraun* · well-paid *gut bezahlt*
English-speaking *englischsprachig*

Zusammensetzungen bestehen aus zwei (oder mehr) zusammengefügten Wörtern. Die Schreibweise ist unterschiedlich: mal in einem Wort, mal in zwei Wörtern – gelegentlich mit Bindestrich. Besonders häufig sind Zusammensetzungen aus zwei Nomen: *tea* + *cup* = *teacup*.

199 Ableitungen mit Vorsilben

disappear *verschwinden* · incorrect *inkorrekt*
Internet *Internet* · misunderstand *missverstehen*
non-smoker *Nichtraucher/in* · overload *überladen*
rewrite *neu schreiben* · subtitle *Untertitel*
superstar *Superstar* · unpopular *unbeliebt*

Durch das Hinzufügen von Vorsilben bildet man ein neues Wort mit veränderter Bedeutung. Die Wortart ändert sich dabei nicht. Beispiele für Vorsilben: *dis-*, *in-*, *inter-*, *mis-*, *non-*, *over-*, *re-*, *sub-*, *super-*, *un-*.

200 Ableitungen mit Nachsilben

a
organize – organization *Organisation*
discuss – discussion *Diskussion*
move – movement *Bewegung*
differ – difference *Unterschied*
sing – singer *Sänger/in* · visit – visitor *Besucher/in*
dark – darkness *Dunkelheit*
possible – possibility *Möglichkeit*

Durch das Hinzufügen von Nachsilben lassen sich **Nomen** (von Verben und Adjektiven) bilden. Beispiele für solche Nachsilben: *-ation/-ion*, *-ment*, *-ence*, *-er/-or*, *-ness*, *-ity*.

b
use [juːs] – useful/useless *nützlich/nutzlos*
danger – dangerous *gefährlich*
storm – stormy *stürmisch*
nation – national *national*
friend – friendly *freundlich*
read – readable *lesbar*

Durch das Hinzufügen von Nachsilben lassen sich **Adjektive** (von Nomen) bilden. Beispiele für solche Nachsilben: *-ful*, *-less*, *-ous*, *-y*, *-al*, *-ly*.

Mit *-able* kann man Adjektive von Verben bilden.

c
modern – modernize *modernisieren*
short – shorten *kürzen*

Durch das Hinzufügen von Nachsilben lassen sich **Verben** (von Adjektiven) bilden. Beispiele für solche Nachsilben: *-ize*, *-en*.

201 Wortartwechsel ohne Vor- oder Nachsilben (Konversion)

Let's go to the new sports shop.
I like to shop there.
Gehen wir zu dem neuen Sportgeschäft.
Ich kaufe gern dort ein.

Von Wortartwechsel spricht man, wenn ein Wort von einer Wortart in eine andere übergeht, ohne dass eine Vor- oder Nachsilbe hinzugefügt wird: *shop* = 1. „Geschäft" (Nomen); 2. „einkaufen" (Verb).

202–206 *Amerikanisches Englisch* *American English*

Zwischen dem britischen Englisch (BE) und dem amerikanischen Englisch (AE) gibt es einige Unterschiede in der Aussprache, in der Schreibung und im Wortschatz (nähere Informationen findet man in einem Wörterbuch). Es gibt jedoch nur ganz **wenige grammatische Unterschiede**, wie die folgende Übersicht zeigt.

202 *Simple past – present perfect*

AE: Peter just left.
Did you ever eat 'sushi'?
BE/AE: Peter has just left.
Have you ever eaten 'sushi'?

Im AE kann bei Adverbien wie *just, already, yet, ever, never* das *simple past (left, did eat?)* statt des *present perfect (has left, have eaten?)* stehen.

Present perfect und *simple past* im Vergleich ▶ 70

203 have – have got

AE: I have a free ticket.
Does Kim have any money?
We don't have any time to lose.
BE: I've got/I have a free ticket.
Has Kim got/Does Kim have any money?
We haven't got/We don't have any time to lose.

Im AE wird gewöhnlich *have* (nicht *have got*) verwendet.

Im BE wird im *present tense* häufig *have got* anstelle von *have* verwendet.

have als Vollverb ▶ 46–48

204 *Gruppenbezeichnungen*

AE: The team is playing well.
BE: The team is/are playing well.

Bei Gruppenbezeichnungen *(team, family, band)* steht im AE das Verb meist im Singular.

Gruppenbezeichnungen ▶ 132

205 the

AE: The old man was taken to the hospital.
BE: The old man was taken to hospital.

Im AE sagt man *to the hospital, in the hospital.* Im BE sagt man *to hospital, in hospital.*

AE: Does Greg play piano?
BE/AE: Does Greg play the piano?

Im AE kann *the* vor Musikinstrumenten weggelassen werden.

the bei *church, school, prison* usw. ▶ 139
Wendungen mit *the* ▶ 143

206 *Adverbien*

AE: Kathy is a real nice person.
BE/AE: Kathy is a really nice person.

Im informellen AE wird manchmal ein Adjektiv *(real)* statt eines Adverbs *(really)* verwendet.

AE: Jessie probably has heard the news.
BE: Jessie has probably heard the news.

Im AE stehen Adverbien oft vor dem Hilfsverb *(has).*

Stellung der Adverbien ▶ 189, 190

207–208 *Zeichensetzung* *Punctuation*

Die englische Zeichensetzung entspricht weitgehend der deutschen. Unterschiede gibt es bei der Verwendung von Komma und Ausrufezeichen.

Zahlen und Datum mit Komma ▶ 209 ⚠, 212 b
Dezimalzahlen mit Punkt ▶ 211 b
Die englischen Satzzeichen ▶ 215

207 *Komma*

a If it rains, we'll go to the cinema.
Wenn es regnet, gehen wir ins Kino.

Ein **Nebensatz am Satzanfang** wird meist durch ein Komma vom Hauptsatz getrennt.

⚠

Is it true that the Robinsons live in Munich?
Stimmt es, dass die Robinsons in München wohnen?

Jenny explained what Lydia had to do.
Jenny erklärte, was Lydia tun musste.

We stayed at home to watch TV.
Wir sind zu Hause geblieben, um fernzusehen.

Ein **Nebensatz am Satzende** wird in der Regel nicht durch ein Komma abgetrennt. Insbesondere steht kein Komma vor *that* („dass"), vor *if* („ob") oder vor einem Fragewort (*what*, *where*, *why* usw.).
Auch vor einem ***to*-Infinitiv** steht kein Komma.

b Smokers who stop smoking live longer.
Raucher, die aufhören zu rauchen, leben länger.

Frank, who stopped smoking last year, is feeling a lot better now.
Frank, der letztes Jahr aufgehört hat zu rauchen, fühlt sich jetzt viel besser.

Relativsätze werden im Englischen in der Regel nicht durch Kommas abgetrennt.

Nur nicht bestimmende Relativsätze (die man weglassen könnte, ohne dass sich der Sinn des Hauptsatzes ändert) werden wie im Deutschen durch Kommas abgetrennt.

Relativsätze ▶ 25, 29 a

c Lucia said, 'I can't believe that.'
Lucia sagte: „Ich kann das gar nicht glauben."

'I can't believe that,' Lucia said.
„Ich kann das gar nicht glauben", sagte Lucia.

Nach *said*, *asked* usw. steht ein Komma (kein Doppelpunkt), wenn **wörtliche Rede** folgt.

Wenn der Begleitsatz *(Lucia said)* nach der wörtlichen Rede steht, setzt man das Komma **vor** das abschließende Anführungszeichen.

Indirekte Rede ▶ 121

208 *Ausrufezeichen*

Stop that terrible noise!
Hör mit diesem furchtbaren Krach auf!

What a lovely dress!
Was für ein hübsches Kleid!

Ein Ausrufezeichen wird im Englischen nur verwendet, wenn eine starke Gefühlsäußerung ausgedrückt werden soll (z.B. Zorn, Erstaunen, Begeisterung).

Write at least three sentences.
Schreibt mindestens drei Sätze!

Nach **Befehlen**, **Bitten** und **Anweisungen** (z.B. Arbeitsanweisungen) steht im Englischen meist ein **Punkt**, also kein Ausrufezeichen.

Imperativ ▶ 11 a

209–213 *Zahlen, Datum, Uhrzeit* *Numbers, dates, the time*

209 *Grundzahlen* / *Ordnungszahlen*

Grundzahlen		Ordnungszahlen	
1	one [wʌn]	1st	first
2	two	2nd	second
3	three	3rd	third
4	four	4th	fourth
5	five	5th	fifth
6	six	6th	sixth
7	seven	7th	seventh
8	eight	8th	eighth
9	nine	9th	ninth
10	ten	10th	tenth
11	eleven	11th	eleventh
12	twelve	12th	twelfth
13	thirteen [ˌ– ˈ–]	13th	thirteenth [ˌ– ˈ–]
14	fourteen [ˌ– ˈ–]	14th	fourteenth [ˌ– ˈ–]
15	fifteen [ˌ– ˈ–]	15th	fifteenth [ˌ– ˈ–]
16	sixteen [ˌ– ˈ–]	16th	sixteenth [ˌ– ˈ–]
17	seventeen [ˌ– – ˈ–]	17th	seventeenth [ˌ– – ˈ–]
18	eighteen [ˌ– ˈ–]	18th	eighteenth [ˌ– ˈ–]
19	nineteen [ˌ– ˈ–]	19th	nineteenth [ˌ– ˈ–]
20	twenty	20th	twentieth [ˈ– tiəθ]
21	twenty-one	21st	twenty-first
22	twenty-two	22nd	twenty-second
23	twenty-three	23rd	twenty-third
30	thirty	30th	thirtieth
40	forty [ˈ– –]	40th	fortieth
50	fifty	50th	fiftieth
60	sixty	60th	sixtieth
70	seventy	70th	seventieth
80	eighty	80th	eightieth
90	ninety	90th	ninetieth
100	one/a hundred	100th	(one) hundredth
101	one/a hundred and one	101st	(one) hundred and first
200	two hundred	200th	two hundredth
1,000	one/a thousand [ˈθaʊznd]	1,000th	(one) thousandth
1,001	one/a thousand and one	1,001st	(one) thousand and first
5,169	five thousand one hundred and sixty-nine	5,169th	five thousand one hundred and sixty-ninth
100,000	one/a hundred thousand	100,000th	(one) hundred thousandth
1,000,000	one/a million [ˈmɪljən]	1,000,000th	(one) millionth
1,000,000,000	one/a billion [ˈbɪljən] *eine Milliarde*	1,000,000,000th	(one) billionth

⚠ !

1 Tel. 3714187

Handschriftlich wird die „1" im Englischen ohne Haken und die „7" ohne Querstrich geschrieben.

2 12,000 (twelve thousand)
12.000 (zwölftausend)

Um Zahlen über 1000 zu gliedern, benutzt man im Englischen ein Komma, keinen Punkt.

210 *Die Zahl „0“*

Die *0* wird im BE unterschiedlich genannt:

The temperature often falls below zero here.
Six minus six is nought.
My phone number is 4021 ('four-oh-two-one').
The final score was 2–0 ('two nil/nothing').
Martina Hingis won the final set 6–0 ('six love').

- *zero* ['zɪərəʊ] (in Temperaturangaben),
- *nought* [nɔːt] (beim Rechnen),
- *„oh“* [əʊ] (in Telefon- und Kontonummern),
- *nil* oder *nothing* (beim Sport – außer Tennis),
- *love* (beim Tennis).

Anmerkung

Six minus six is **zero**.
My phone number is 4021 ('four-**zero**-two-one').
The final score is 2–**0** ('two **zero**').

Im AE verwendet man *zero* auch beim Rechnen, in Telefonnummern und Kontonummern und bei Sportergebnissen (außer beim Tennis).

„oh“ in Uhrzeiten mit Minutenangabe ▶ 213

211 *Bruchzahlen und Dezimalzahlen*

a

⅝	'five eighths'
⅓ (mile)	'one/a third (of a mile)'
½	'one/a half' (aber: ½ mile = 'half a mile')
¾ (hour)	'three quarters (of an hour)'
3 ½ (km)	'three and a half (kilometres)'
5 ⅔	'five and two thirds'

Die Ordnungszahlen werden auch zur Bildung von **Bruchzahlen** verwendet. Ausnahmen:
half („halb“), *quarter* („Viertel“, „viertel“).

b

0.6	'(nought) point six' (BE) / '(zero) point six' (AE) *null Komma sechs (0,6)*
4.25 %	'four point two five per cent' *vier Komma zwei fünf Prozent (4,25%)*

Dezimalzahlen haben im Englischen einen **Punkt**, kein Komma.

212 *Das Datum*

a

7(th) May 'the seventh of May'
May 7(th) 'May the seventh' (AE auch: 'May seventh')

Beim Datum gibt es verschiedene Möglichkeiten, den **Tag und Monat** anzugeben.

b

1993 'nineteen ninety-three'
2003 'two thousand and three'

Die **Jahreszahl** wird manchmal durch ein Komma abgetrennt: *May 7th, 1993* (aber meist ohne Komma: *7th May 1993*).

⚠

5/7/03 (BE) = 5th July 2003
7/5/03 (AE) = July 5th, 2003

BE-Schreibweise: Tag/Monat/Jahr *(5/7/03)*
AE-Schreibweise: Monat/Tag/Jahr *(7/5/03)*

213 *Die Uhrzeit*

a

8.00	'eight (o'clock)'	Man verwendet ***o'clock*** nur für die **volle Stunde**: *eight o'clock, nine o'clock, ten o'clock* usw.
8.05	'eight oh [əʊ] five' 'five (minutes) past eight'	
8.15	'eight fifteen' '(a) quarter past eight'	
8.20	'eight twenty' 'twenty (minutes) past eight'	
8.30	'eight thirty' 'half past eight'	
8.45	'eight forty-five' '(a) quarter to nine'	
8.53	'eight fifty-three' 'seven minutes to nine'	

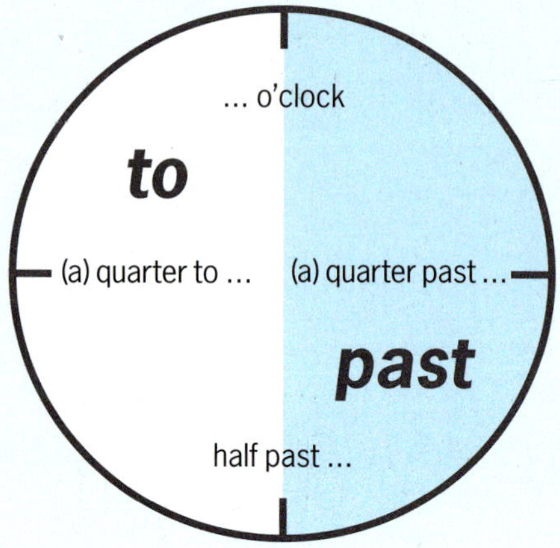

⚠

half past two — *halb drei*
half past eight — *halb neun*

Half past two bedeutet „halb drei" (also nicht: „halb zwei"). Im gesprochenen Englisch wird *past* oft weggelassen: *half two* (= *half past two*).

b

8.00 am — 'eight am [ˌeɪ'em]'
8.00 Uhr — 'eight o'clock in the morning'

Durch den Zusatz ***am*** („vormittags") kann man deutlich machen, dass man die zwölf Stunden **vor 12** Uhr mittags meint (= 0 Uhr–12 Uhr).

8.00 pm — 'eight pm [ˌpiː'em]'
20.00 Uhr — 'eight o'clock in the evening'
'eight o'clock at night'

Durch den Zusatz ***pm*** („nachmittags") kann man deutlich machen, dass man die zwölf Stunden **nach 12** Uhr mittags meint (= 12 Uhr–24 Uhr).

⚠

Der Bus fährt um 20 Uhr.
nicht: The bus leaves at ~~8 o'clock pm~~.
sondern: The bus leaves at 8 o'clock in the evening.
oder: The bus leaves at 8 pm.

Die Zusätze *am* und *pm* stehen nicht zusammen mit *o'clock*.

c The next train leaves at 14.27.

14.27 — 'fourteen twenty-seven'
20.00 — 'twenty (hundred) hours'
20.05 — 'twenty oh [əʊ] five'

Die Einteilung in **24 Stunden** wird vor allem in **Fahrplänen** (im BE) verwendet.

214 *Grammatische Begriffe* *Grammatical terms*

abstract noun ['æbstrækt]	abstraktes Nomen, Begriffswort	*life, love, history, technology*
active ['æktɪv]	Aktiv, Tatform	The police *caught* the thief.
activity verb [æk'tɪvəti]	Tätigkeitsverb, Vorgangsverb	*write, play, rain, grow*
adjective ['ædʒɪktɪv]	Adjektiv, Eigenschaftswort	*bad, good, big, expensive*
adverb ['ædvɜːb]	Adverb, Umstandswort	
adverb of degree [dɪ'griː]	Gradadverb	*very* good, *terribly* cold
adverb of frequency ['friːkwənsi]	Adverb der Häufigkeit	*always, never, often, once*
adverb of manner	Adverb der Art und Weise	*badly, easily, carefully, well*
adverb of place	Adverb des Ortes (oder der Richtung)	*here, there, outside, nowhere*
adverb of time	Adverb der Zeit	*now, today, yesterday*
adverbial [æd'vɜːbiəl]	adverbiale Bestimmung, Umstandsbestimmung	Come and sit *here/next to me.* I'm leaving *today/on Monday.*
article ['ɑːtɪkl]	Artikel, Begleiter, Geschlechtswort	► definite article, indefinite article
auxiliary (verb) [ɔːg'zɪliəri]	Hilfsverb, Hilfszeitwort	*has* gone, *don't* eat, *can* fly
backshift of tenses	Rückverschiebung der Zeitformen (in der indirekten Rede)	Ann: 'I *am* sorry.' ⟶ Ann said she *was* sorry.
cardinal number ['kɑːdɪnl]	Grundzahl	*one, two, three, ten*
clause [klɔːz]	Teilsatz (= Haupt- oder Nebensatz)	► main clause, subordinate clause
clause element ['elɪmənt]	Satzglied	► subject, verb, object, adverbial, complement
command [kə'mɑːnd]	Aufforderung(ssatz)	*Listen. Let's go to the cinema.*
comparative [kəm'pærətɪv]	Komparativ, erste Steigerungsstufe	*faster, better, more interesting*
comparison [kəm'pærɪsn]	Steigerung; Vergleich	*fast – faster – fastest; as fast as; faster than*
complement ['kɒmplɪmənt]	prädikative Ergänzung (des Verbs), Prädikativ	Mr Payne is *a teacher*. He is *nice*.
complex sentence ['kɒmpleks]	Satzgefüge (Haupt- und Nebensatz)	*I can't come because I'm ill.*
compound sentence ['kɒmpaʊnd]	Satzreihe (aus Hauptsätzen)	*I like swimming and I enjoy dancing.*
compound word	zusammengesetztes Wort, (Wort-)Zusammensetzung	*well-dressed, ticket office, sightseeing*
conditional sentence [kən'dɪʃənl]	Bedingungssatz(gefüge), Konditionalsatz(gefüge)	*If you help me, I'll help you.* ► *if*-clause
conjunction [kən'dʒʌŋkʃn]	Konjunktion, Bindewort	*and, or, but; after, when, although*
consonant ['kɒnsənənt]	Konsonant, Mitlaut	*b, c, d, f;* [p], [s], [ʃ], [j]
contact clause ['kɒntækt]	Relativsatz ohne Relativpronomen	He's the man *I saw yesterday*.
conversion [kən'vɜːʃn]	Übergang eines Wortes in eine andere Wortart ohne Änderung der Form, Konversion	*a shop* (noun) – *to shop* (verb)
coordinating conjunction [kəʊ'ɔːdɪneɪtɪŋ]	nebenordnende Konjunktion	*and, but, or*
countable noun ['kaʊntəbl]	zählbares Nomen	*house(s), idea(s), child(ren)*
defining relative clause [dɪ'faɪnɪŋ]	bestimmender Relativsatz, notwendiger Relativsatz	The boy *who said that* is silly.
definite article ['defɪnət]	bestimmter Artikel	*the* [ðə] bag, *the* [ði] apples
demonstrative determiner [dɪ'mɒnstrətɪv]	Demonstrativpronomen als Begleiter, hinweisender Begleiter	*this* boy, *these* boys, *that* girl, *those* girls
demonstrative pronoun	(als Stellvertreter gebrauchtes) Demonstrativpronomen, hinweisendes Fürwort	*This* is my sister. Whose shoes are *those*?
determiner [dɪ'tɜːmɪnə]	Begleiter (eines Nomens)	*a* car, *my* bike, *this* house, *some* money
direct object ['daɪrekt]	direktes Objekt, (bei Verben mit zwei Objekten:) Sachobjekt; Akkusativobjekt	I like *pop music*. Carol gave her friend *a DVD*.
direct speech	direkte Rede, wörtliche Rede	Jen said, *'I'm sorry.'*
-*ed* form	*-ed*-Form (der regelmäßigen Verben)	*watched, loved, shouted*
emphasizing pronoun ['emfəsaɪzɪŋ]	verstärkendes Pronomen	I saw the accident *myself*.

end position	Endstellung (des Adverbs)	I opened the door *carefully*.
front position	Anfangsstellung (des Adverbs)	*Perhaps* Mike has lost your address.
full verb	Vollverb (= Wortart)	*say, sing, laugh, walk*
future ['fjuːtʃə]	(Zeitform der) Zukunft, Futur	► *going to*-future, *will*-future
future perfect ['pɜːfɪkt]	vollendete Zukunft, Futur II	I *will have written*
gerund ['dʒerənd]	Gerundium, *-ing*-Form	I like *dancing*. *Dancing* is fun.
***going to*-future**	Futur mit *going to*	I*'m going to write*
group noun	Gruppenbezeichnung, Sammelname	*family, team, people, police*
***if*-clause**	Nebensatz mit *if*, *if*-Satz	*If you help me*, I'll help you.
imperative [ɪm'perətɪv]	Imperativ, Befehlsform; Aufforderung(ssatz)	*Listen. Don't talk.*
indefinite article [ɪn'defɪnət]	unbestimmter Artikel	*a* bag, *an* apple
indirect object ['ɪndərekt]	indirektes Objekt (meist Personenobjekt); Dativobjekt	Carol gave *her friend* a DVD.
indirect question	indirekter Fragesatz	Jen asked *where the station was.*
indirect speech	indirekte Rede, nicht wörtliche Rede	*Jen said (that) she was sorry.*
infinitive [ɪn'fɪnətɪv]	Infinitiv, Grundform des Verbs	*(to) go, (to) dance, (to) sit* ► passive/perfect/present infinitive
***-ing* form**	*-ing*-Form (des Verbs)	*going, dancing, sitting* ► gerund, present participle
irregular verb	unregelmäßiges Verb	*go – went – gone*
long form	Langform (des Hilfsverbs)	She *is* talking. You *need not* go.
main clause	Hauptsatz	*I can't come* (because I'm ill).
main verb	Hauptverb, Vollverb (als Teil des Prädikats)	She doesn't *live* here.
material noun [mə'tɪəriəl]	Stoffbezeichnung, Stoffname	*air, bread, milk, wood*
mid position	Mittelstellung (des Adverbs)	You can *always* ask me.
modal auxiliary ['məʊdl]	modales Hilfsverb, Modalverb	*can, may, must, shall, will*
negative statement ['negətɪv]	verneinter Aussagesatz	*I don't like pop music.*
non-defining relative clause ['nɒndɪfaɪnɪŋ]	nicht bestimmender Relativsatz, nicht notwendiger Relativsatz	Uncle Bill, *who works there*, should be able to help.
noun	Nomen, Substantiv, Hauptwort	*book, milk, fridge, party, shorts*
number	Zahl(wort)	*one, two, three; first, second, third*
object ['ɒbdʒɪkt]	Objekt, Satzergänzung	I like *pop music*. ► direct object, indirect object
object form	Objektform (des Personalpronomens)	*me, you, him, her, it, us, them*
object question	Frage nach dem Objekt, Objektfrage	*What did you say? Who did you ask?*
***of*-phrase**	*of*-Fügung	the name *of the street*
ordinal number ['ɔːdɪnl]	Ordnungszahl	*first, second, third, tenth*
pair noun	„Paarwort"	*trousers, pyjamas, shorts*
participle ['pɑːtɪsɪpl]	Partizip, Mittelwort (zwischen Verb und Adjektiv)	► present participle, past participle
passive ['pæsɪv]	Passiv, Leideform	The thief *was caught* (by the police).
passive infinitive	Infinitiv Passiv	I want *to be met* at the airport.
passive progressive	Verlaufsform des Passivs	The match *is being shown* on TV.
past participle	Partizip Perfekt, Partizip II	Jane has *arrived*. The thief was *caught*. Don't buy a *used* car.
past perfect ['pɜːfɪkt]	Plusquamperfekt, Vorvergangenheit	I *had written*
past progressive	Verlaufsform der Vergangenheit	I *was writing*
past tense	Vergangenheit(sform), Präteritum, Imperfekt	I *wrote* / I *was writing*
perfect infinitive ['pɜːfɪkt]	Infinitiv Perfekt	John may *have arrived*.
personal pronoun ['pɜːsənl]	Personalpronomen, persönliches Fürwort	Have *you* seen Sarah? – No, *I* haven't seen *her* today.
phrasal verb ['freɪzl]	(feste) Verb-Adverb-Verbindung	*fill sth. in, put sth. up, go on*
plural ['plʊərəl]	Plural, Mehrzahl	*chairs, feet; we, yourselves, those*
plural noun	Nomen, das nur im Plural steht	*clothes, stairs, thanks*
positive statement ['pɒzətɪv]	bejahter Aussagesatz	*I like pop music.*

possessive determiner [pə'zesɪv]	Possessivpronomen als Begleiter, besitzanzeigender Begleiter	*my* coat, *your* car, *his* name, *her* idea, *its* price, *our* house, *their* names
possessive form	*s*-Genitiv, besitzanzeigende Form	*Sandra's* bike, *our friends'* car
possessive pronoun	(als Stellvertreter gebrauchtes) Possessivpronomen, besitzanzeigendes Fürwort	Is that book *yours*? – No, it isn't *mine*.
prefix ['pri:fɪks]	Vorsilbe, Präfix	*dis-, in-, re-, un-*
preposition [ˌprepə'zɪʃn]	Präposition, Verhältniswort	*at, in, on, with, by, because of*
preposition of place	Präposition des Ortes (oder der Richtung)	*in* the park, *above* the clouds
preposition of time	Präposition der Zeit	*at* three o'clock, *on* Sunday
prepositional verb [ˌprepə'zɪʃənl]	Verbindung aus Verb + Präposition	*look at sth., look for sth., listen to sb.*
present infinitive ['preznt]	Infinitiv Präsens	You may *leave* earlier today.
present participle	Partizip Präsens, Partizip I	I'm *looking* for my bag. I've seen a *flying* fish.
present perfect	*present perfect* (Perfekt, vollendete Gegenwart)	I *have written*
present perfect progressive	Verlaufsform des *present perfect*	I *have been writing*
present progressive	Verlaufsform der Gegenwart	I *am writing*
present tense	Gegenwart(sform), Präsens	I *write* / I *am writing*
progressive form [prə'gresɪv]	Verlaufsform (des Verbs)	I *am writing* / I *was writing* / I *have been writing*
progressive infinitive	Verlaufsform des Infinitivs	Mike must *be watching* TV.
pronoun ['prəʊnaʊn]	Pronomen, Fürwort	► demonstrative/emphasizing/personal/ possessive/reflexive/relative pronoun
prop-word	Stützwort	a blue car and a red *one*
proper noun	Eigenname	*Belfast, Mr Ferguson, Sunday*
quantifier ['kwɒntɪfaɪə]	Mengenbezeichnung, Mengenangabe	*some, any, much, many, a few*
question	Frage(satz)	*Is Jill at home?*
question with a question word	Frage mit einem Fragewort	*Where's Jill?* ► *yes/no* question
question tag	Frageanhängsel, Bestätigungsfrage	It's hot, *isn't it?*
question word	Fragewort	*what, when, which, who, why, how*
reflexive pronoun [rɪ'fleksɪv]	Reflexivpronomen, rückbezügliches Fürwort	I hurt *myself*.
regular verb	regelmäßiges Verb	*watch – watched – watched*
relative clause ['relətɪv]	Relativsatz, Bezugssatz	The boy *who said that* is silly.
relative pronoun	Relativpronomen, bezügliches Fürwort	the girl *who/that* you met the car *which/that* was stolen the boy *whose* parents we met
reported speech	indirekte Rede, nicht wörtliche Rede	► indirect speech
reporting verb	einleitendes Verb (der indirekten Rede)	Jen *said/added* she was sorry.
sentence	Satz	*I like music. Do you smoke?* ► complex/compound sentence
sentence adverb	Adverb, das sich auf den ganzen Satz bezieht	*Clearly*, there has been a mistake.
sentence type [taɪp]	Satzart	► statement, question, imperative/command
***-s* form**	*-s*-Form des Verbs (= 3. Person Singular des *simple present*)	she *knows*, he *likes*, it *tries*
short answer	Kurzantwort	Can you see? – *Yes, I can.* / *No, I can't.*
short form	Kurzform (des Hilfsverbs)	she*'s*, I*'ve*, you must*n't*
simple form	einfache Form (des Verbs) – im Gegensatz zur Verlaufsform	I *write* / I *wrote* / I *have written* / I *had written* / I *will write*
simple past	einfache Form der Vergangenheit	I *wrote*
simple present	einfache Form der Gegenwart	I *write*
singular ['sɪŋgjələ]	Singular, Einzahl	*chair, foot; I, yourself, that*
statement	Aussage(satz)	*I (don't) like pop music.*

state verb	Zustandsverb	*know, hate, want*
subject ['sʌbdʒɪkt]	Subjekt, Satzgegenstand	*Terry* likes pop music. *The thief* was caught.
subject form	Subjektform (des Personalpronomens)	*I, you, he, she, it, we, they*
subject question	Frage nach dem Subjekt, Subjektfrage	*What happened? Who came?*
subordinate clause [sə'bɔːdɪnət]	Nebensatz, Gliedsatz, untergeordneter Satz	I can't come *because I'm ill.* ▶ *if*-clause, relative clause
subordinating conjunction [sə'bɔːdɪneɪtɪŋ]	unterordnende Konjunktion (die einen Nebensatz einleitet)	*because, if, that, when*
suffix ['sʌfɪks]	Nachsilbe, Endsilbe, Suffix	*-able, -ful, -ly*
superlative [suː'pɜːlətɪv]	Superlativ, höchste Steigerungsstufe	*fastest, best, most terrible*
tense	(grammatische) Zeitform, Tempus	▶ present tense, past tense
***to*-infinitive** [ɪn'fɪnətɪv]	*to*-Infinitiv, Infinitiv mit *to*	I'd like *to leave* early.
uncountable noun	nicht zählbares Nomen	*bread, oil, time, information*
verb	1. Verb, Zeitwort, Tätigkeitswort 2. Prädikat, Satzaussage	*be, like, play, sit down; can, will, do* I *like* music. I *can play* the piano.
verb of movement	Verb der Bewegung	*come, go*
verb of perception [pə'sepʃn]	Verb der Wahrnehmung	*feel, hear, listen to, notice, see, smell, watch*
verb of rest	Verb der Ruhe	*lie, sit, stand*
verb of speaking and thinking	Verb des Sagens und Denkens	*say, believe, think*
vowel ['vaʊəl]	Vokal, Selbstlaut	*a, e, i, o, u;* [ɪ], [ʊ], [ɜː], [eɪ]
***will*-future**	Futur mit *will*	I *will write*
word-building	Wortbildung	*tea + spoon = teaspoon; cloud + -y = cloudy*
word class	Wortart, Wortklasse	▶ adjective, adverb, conjunction, determiner, noun, preposition, pronoun, verb
word order	Wortstellung, Satzgliedstellung	z.B. subject – verb (S–V)
***yes/no* question**	Entscheidungsfrage (Antwort: ja oder nein)	*Is Ted at home?* – Yes, he is. / No, he isn't.

215 *Satzzeichen* *Punctuation marks*

full stop (BE) / **period** (AE) [ˌfʊl 'stɒp] / ['pɪəriəd]	.	Punkt
comma ['kɒmə]	,	Komma
semicolon [ˌsemi'kəʊlən]	;	Semikolon
colon ['kəʊlən]	:	Doppelpunkt
dots	...	Punkte, Pünktchen
exclamation mark (BE)/ **exclamation point** (AE) [ˌekskləˈmeɪʃn mɑːk/pɔɪnt]	!	Ausrufezeichen
question mark ['kwestʃən mɑːk]	?	Fragezeichen
quotation marks [kwəʊ'teɪʃn mɑːks] (BE auch:) **inverted commas** [ɪnˌvɜːtɪd 'kɒməz]	' ' " "	Anführungszeichen
apostrophe [ə'pɒstrəfi]	'	Apostroph
hyphen ['haɪfn]	-	Bindestrich
dash	–	Gedankenstrich
parentheses [pə'renθəsiːz] (BE auch:) **brackets** ['brækɪts]	( )	Klammern
slash [slæʃ]	/	Schrägstrich
backslash ['bækslæʃ]	\	Rückwärtsschrägstrich, Backslash

Register Index

A

B

O

P

Q

R

S

T